COMENTÁRIOS À NOVA LEI DO INQUILINATO

LEI Nº 12.112, DE 9 DE DEZEMBRO DE 2009

Doutrina • Prática • Legislação

EDITORA AFILIADA

"O livro é a porta que se abre para a realização do homem."

Jair Lot Vieira

Valéria Maria Sant'Anna

COMENTÁRIOS À NOVA LEI DO INQUILINATO

LEI Nº 12.112, DE 9 DE DEZEMBRO DE 2009

Doutrina • Prática • Legislação

COMENTÁRIOS À NOVA LEI DO INQUILINATO
Lei nº 12.112, de 9 de dezembro de 2009
Valéria Maria Sant'Anna

© desta edição: Edipro Edições Profissionais Ltda. – CNPJ nº 47.640.982/0001-40

1ª Edição 2010

Supervisão editorial: *Jair Lot Viera*
Coordenação editorial: *Maíra Lot Viera Micales*
Edição e produção gráfica: *Alexandre Rudyard Benevides*
Revisão: *Ricardo Virando*
Capa: *Camila Treb* e *Maíra Lot Vieira Micales*

Dados Internacionais de Catalogação na Publicação (CIP)
(Câmara Brasileira do Livro, SP, Brasil)

Sant'Anna, Valéria Maria
Comentários à nova Lei do Inquilinato : Lei nº 8.245, de 18 de outubro de 1991 com as alterações introduzidas pela Lei nº 12.112, de 9 de dezembro de 2009 / Valéria Maria Sant'Anna ; [supervisão de Jair Lot Vieira]. -- Bauru, SP : EDIPRO, 2010.

ISBN 978-85-7283-674-6

1. Inquilinato – Leis e legislação – Brasil I. Vieira, Jair Lot. II. Título.

09-13497   CDU-347.453.3(81)(094)

Índices para catálogo sistemático:
1. Brasil : Reforma da Lei do Inquilinato : Direito civil 347.453.3(81)(094)

edições profissionais ltda.
São Paulo: Fone (11) 3107-4788 – Fax (11) 3107-0061
Bauru: Fone (14) 3234-4121 – Fax (14) 3234-4122
www.edipro.com.br

Sumário

INTRODUÇÃO	11
O QUE MUDOU NOS CONTRATOS DE LOCAÇÃO?	15
COMENTÁRIOS ÀS ALTERAÇÕES INTRODUZIDAS NA LEI Nº 8.245, DE 18.10.1991 (LEI DO INQUILINATO) PELA LEI Nº 12.112, DE 9.12.2009	35
PRÁTICA	53
MODELOS DE NOTIFICAÇÕES	55
01. Notificação de Locatário de Imóvel – Contrato por Tempo Indeterminado – Denunciando a Locação	55
02. Notificação de Locatário de Imóvel – Denunciando a Locação em Contrato por Tempo Determinado	56
03. Notificação de Adquirente de Imóvel – Denunciando a Locação	57
04. Notificação de Sub-Rogação	58
05. Exoneração de Fiança nos termos do § 2º do Art. 12	59
06. Notificação de Venda – Direito de Preferência	60
07. Notificação para Substituição de Garantia	61
MODELOS DE PETIÇÕES	62
01. Despejo por Falta de Pagamento Cumulada com Cobrança	62
02. Despejo com Liminar Prevista no art. 59 da Lei	65
03. Ação de Consignação de Aluguel	67

04. Ação de Revisão de Aluguel 69
05. Ação Renovatória de Aluguel 70

LEGISLAÇÃO 73

Lei nº 8.245, de 18 de outubro de 1991 – Dispõe sobre as locações dos imóveis urbanos e os procedimentos a elas pertinentes 75

Título I – Da Locação (arts. 1º a 57) 75

Capítulo I – Disposições Gerais (arts. 1º a 45) 75

Seção I – Da Locação em Geral (arts. 1º a 13) 75

Seção II – Das sublocações (arts. 14 a 16) 78

Seção III – Do aluguel (arts. 17 a 21) 78

Seção IV – Dos Deveres do Locador e do Locatário (arts. 22 a 26) 78

Seção V – Do Direito de Preferência (arts. 27 a 34) ... 81

Seção VI – Das Benfeitorias (arts. 35 e 36) 82

Seção VII – Das Garantias Locatícias (arts. 37 a 42) . 82

Seção VIII – Das Penalidades Criminais e Civis (arts. 43 e 44) 84

Seção IX – Das Nulidades (art. 45) 85

Capítulo II – Das Disposições Especiais (arts. 46 a 57) ... 85

Seção I – Da Locação Residencial (arts. 46 e 47) 85

Seção II – Da Locação para Temporada (arts. 48 a 50) 86

Seção III – Da Locação Não Residencial (arts. 51 a 57) 86

Título II – Dos Procedimentos (arts. 58 a 75) 88

Capítulo I – Das Disposições Gerais (art. 58) 88

Capítulo II – Das Ações de Despejo (arts. 59 a 66) 89

Capítulo III – Da Ação de Consignação de Aluguel e Acessórios da Locação (art. 67) 92

Capítulo IV – Da Ação Revisional de Aluguel (arts. 68 a 70) 93

Capítulo V – Da Ação Renovatória (arts. 71 a 75) 95

Título III – Das Disposições Finais e Transitórias (arts. 76 a 90) 97

ANEXOS – MENSAGENS DE VETO E LEIS ALTERADORAS DA LEI DO INQUILINATO 99

Mensagem de veto da Lei nº 8.245, de 18.10.1991 101

Lei nº 9.256, de 9 de janeiro de 1996 – *Altera o caput do art. 53 e o § 3º do art. 63 da Lei nº 8.245, de 18 de outubro de 1991, que dispõe sobre as locações dos imóveis urbanos e os procedimentos a elas pertinentes* 102

Lei nº 10.931, de 2 de agosto de 2004 – *Dispõe sobre o patrimônio de afetação de incorporações imobiliárias, Letra de Crédito Imobiliário, Cédula de Crédito Imobiliário, Cédula de Crédito Bancário, altera o Decreto-Lei nº 911, de 1º de outubro de 1969, as Leis nº 4.591, de 16 de dezembro de 1964, nº 4.728, de 14 de julho de 1965, e nº 10.406, de 10 de janeiro de 2002, e dá outras providências* 103

Lei nº 11.196, de 21 de novembro de 2005 – *Institui o Regime Especial de Tributação para a Plataforma de Exportação de Serviços de Tecnologia da Informação – REPES, o Regime Especial de Aquisição de Bens de Capital para Empresas Exportadoras – RECAP e o Programa de Inclusão Digital; dispõe sobre incentivos fiscais para a inovação tecnológica; altera o Decreto-Lei nº 288, de 28 de fevereiro de 1967, o Decreto nº 70.235, de 6 de março de 1972, o Decreto-Lei nº 2.287, de 23 de julho de 1986, as Leis nºs 4.502, de 30 de novembro de 1964, 8.212, de 24 de julho de 1991, 8.245, de 18 de outubro de 1991, 8.387, de 30 de dezembro de 1991, 8.666, de 21 de junho de 1993, 8.981, de 20 de janeiro de 1995, 8.987, de 13 de fevereiro de 1995, 8.989, de 24 de fevereiro de 1995, 9.249, de 26 de dezembro de 1995, 9.250, de 26 de dezembro de 1995, 9.311, de 24 de outubro de 1996, 9.317, de 5 de dezembro de 1996, 9.430, de 27 de dezembro de 1996, 9.718, de 27 de novembro de 1998, 10.336, de 19 de dezembro de 2001, 10.438, de 26 de abril de 2002, 10.485, de 3 de julho de 2002, 10.637, de 30 de dezembro de 2002, 10.755, de 3 de novembro de 2003, 10.833, de 29 de dezembro de 2003, 10.865, de*

30 de abril de 2004, 10.925, de 23 de julho de 2004, 10.931, de 2 de agosto de 2004, 11.033, de 21 de dezembro de 2004, 11.051, de 29 de dezembro de 2004, 11.053, de 29 de dezembro de 2004, 11.101, de 9 de fevereiro de 2005, 11.128, de 28 de junho de 2005, e a Medida Provisória nº 2.199-14, de 24 de agosto de 2001; revoga a Lei nº 8.661, de 2 de junho de 1993, e dispositivos das Leis nos 8.668, de 25 de junho de 1993, 8.981, de 20 de janeiro de 1995, 10.637, de 30 de dezembro de 2002, 10.755, de 3 de novembro de 2003, 10.865, de 30 de abril de 2004, 10.931, de 2 de agosto de 2004, e da Medida Provisória nº 2.158-35, de 24 de agosto de 2001; e dá outras providências 104

Lei nº 12.112 de 9 de dezembro de 2009 – Altera a Lei nº 8.245, de 18 de outubro de 1991, para aperfeiçoar as regras e procedimentos sobre locação de imóvel urbano ... 105

Mensagem de veto nº 1.004, de 9 de dezembro de 2009 109

Súmulas do Superior Tribunal de Justiça 112

Existem "locações" inestimáveis e impagáveis...
As do coração, e que devem ser sempre "renovadas"
Aos meus amigos de todos os momentos:
Clarice Mitiko Fujimaki
Constância de Cássia Salles
Edinalva Rodrigues da Silva
Tullo De Biaggi Netto

Introdução

Com o advento da Lei nº 12.112, de 9 de dezembro de 2009, publicada no *Diário Oficial da União* em 10 de dezembro de 2009 e que entra em vigor a partir do dia 24 de janeiro de 2010, o legislador pátrio modernizou a Lei nº 8.245, de 18 de outubro de 1991 – Lei do Inquilinato – e resgata a credibilidade do Poder Judiciário quanto a eficácia e a celeridade de seus procedimentos.

O presente trabalho traz comentários às dúvidas levantadas pela mídia, às alterações, artigo por artigo, uma parte prática com modelos de notificações e de petições, conforme e na sequência da lei, a íntegra da Lei nº 8.245/1991 já consolidada com as novas redações, e em anexo, as demais leis alteradoras até a presente data.

O que mudou nos Contratos de Locação?

O que mudou nos Contratos de Locação?

A Mídia, tanto falada quanto escrita, deu ampla divulgação à Lei nº 12.112/2009, que entra em vigor a partir do dia 24.1.2010, alteradora de vários artigos da Lei nº 8.245, de 1991 – Lei do Inquilinato, havendo polêmicas, dúvidas e controvérsias.

Há quem diga que as alterações são benéficas, tornando a lei do Inquilinato mais rígida, sendo certo que, por outro lado, há quem afirme que as mudanças causarão um "entupimento" na Justiça, diante das ações que poderão advir. Outros afirmam que os locatários de imóveis comerciais serão os principais prejudicados com as novidades.

Mas, a maioria acredita que as alterações na Lei do Inquilinato vieram para dar credibilidade ao instituto da locação e, por consequência, poderá ocorrer uma diminuição nos valores dos alugueres.

Mas, é verdade que em 45 (quarenta e cinco) dias se poderá efetivar um despejo por falta de pagamento?

Pode o fiador se exonerar do encargo há qualquer momento? Como fica o contrato sem fiador?

Como ficou a multa, no caso de desfazimento antecipado do contrato? O que significa essa "proporcionalidade"?

Agora, basta entrar em juízo e comprovar a falta de pagamento e se tem o despejo em 15 dias?

Vamos responder a essas questões e tantas outras que surgiram, analisando a Lei nº 8.245/1991 como um todo para entendermos onde e o que foi alterado.

A Lei do inquilinato possui 90 artigos divididos em três partes:

Da Locação, Dos Procedimentos e Das Disposições Finais e Transitórias.

O que nos interessa, no momento, são das duas primeiras partes:

TÍTULO I – Da Locação – que traz o regramento sobre as locações.

Este título está subdividido em dois capítulos:

CAPÍTULO I – Disposições Gerais – que trata da locação, sublocação, aluguel, dos devedores do locador e do locatário, do direito de preferência, das benfeitorias, das garantias locatícias, das penalidades e das nulidades; e o

CAPÍTULO II – Das disposições especiais – que trata da locação residencial, para temporada e da locação não residencial.

Observe-se que todo o tipo de locação está normatizado no capítulo I.

Onde a Lei nº 12.112/2009 mexeu nesta parte? Nos arts. 4º, 12, 39 e 40. Vejamos onde eles se encaixam:

Seção I – Da locação em geral (arts. 1º a 13)

Como o próprio nome diz, trata das disposições gerais sobre a locação de imóvel urbano, independentemente se de imóvel residencial ou não residencial, excluindo-se as locações elencadas nos itens 1 a 4 da alínea "a" do art. 1º,(*) que são reguladas pelo Código Civil e leis especiais e o arrendamento mercantil.

(*) 1. de imóveis de propriedade da União, dos Estados e dos Municípios, de suas autarquias e fundações públicas;

2. de vagas autônomas de garagem ou de espaços para estacionamento de veículos;

3. de espaços destinados à publicidade;

4. em apart-hotéis, hotéis – residência ou equiparados, assim considerados aqueles que prestam serviços regulares a seus usuários e como tais sejam autorizados a funcionar;

A Lei nº 12.112/2009 alterou os arts. 4º e 12 desta seção, ou seja:

Pelos termos do art. 4º, o locatário poderá devolver o imóvel pagando a multa pactuada proporcionalmente ao período alugado, o que não podia anteriormente (não esquecendo que permanece os termos do parágrafo único desse artigo, qual seja, *"O locatário ficará dispensado da multa se a devolução do imóvel decorrer de transferência, pelo seu empregador, privado ou público, para prestar serviços em localidades diversas daquela do início do contrato, e se notificar, por escrito, o locador com prazo de, no mínimo, trinta dias de antecedência").*

Então:

- **Como ficou a multa, no caso de desfazimento antecipado do contrato? O que significa essa "proporcionalidade"?**

Para os casos em que ficou pactuada multa, (por exemplo multa no valor de três meses de aluguel) dever-se-á verificar quanto tempo o inquilino permaneceu no imóvel e abater, proporcionalmente o valor. Por exemplo. Num contrato de 36 meses, multa de três meses. Podemos dizer que se trata de 1 mês/multa por ano. Então se o locatário ficou no imóvel 12 meses, ele pagará multa de 2 alugueres. E se ficou 9 meses? Então serão os 2 alugueres mais o proporcional de 9 meses (1 aluguel por ano = 1/12 de aluguel mês; se ficou 9 meses, então pagará 3/12 de multa/aluguel para aquele ano mais 2 aluguéis).

Os demais artigos desta seção permaneceram inalterados:

Assim é que para todas as locações urbanas, consideram-se solidários se houver mais de um locador ou mais de um locatário, se o contrato não estipular o contrário. Pode-se, ainda, pactuar contrato por mais de 10 anos, desde que haja vênia conjugal.

A ação para o locador reaver o imóvel é a de despejo, seja qual for o fundamento do término da locação.

No caso de locação por prazo indeterminado, o locatário poderá denunciar a locação por meio de aviso, por escrito, com antecedência mínima de 30 dias (se não o fizer o locador poderá exigir um mês de locação quando da resilição).

Nos casos de extinção de usufruto ou de fideicomisso, a locação celebrada pelo usufrutuário ou fiduciário poderá ser denunciada, no prazo de noventa dias contados da extinção do fideicomisso ou da averbação da extinção do usufruto, com o prazo de trinta dias para a desocupação, salvo se tiver havido aquiescência escrita do nuproprietário ou do fideicomissário, ou se a propriedade estiver consolidada em mãos do usufrutuário ou do fiduciário. Não havendo a denúncia, presumir-se-á a concordância com a continuidade da locação.

No caso de venda do imóvel durante a locação, o adquirente poderá denunciar o contrato, (também no prazo de 90 dias contados do registro da venda) com o prazo de noventa dias para a desocupação, salvo se a locação for por tempo determinado e o contrato contiver cláusula de vigência em caso de alienação e estiver averbado junto à matrícula do imóvel.

Idêntico direito terá o promissário comprador e o promissário cessionário, em caráter irrevogável, com imissão na posse do imóvel e título registrado junto à matrícula do mesmo.

O art. 9º elenca as formas de desfazimento da locação:

I – por mútuo acordo;

II – em decorrência da prática de infração legal ou contratual;

III – em decorrência da falta de pagamento do aluguel e demais encargos;

IV – para a realização de reparações urgentes determinadas pelo Poder Público, que não possam ser normalmente executadas com a permanência do locatário no imóvel ou, podendo, ele se recuse a consenti-las.

Os arts. 10 e 11 normatizam sobre a morte do locador e do locatário:

Morrendo o locador, a locação transmite-se aos herdeiros.

Morrendo o locatário, ficarão sub-rogados nos seus direitos e obrigações:

I – nas locações com finalidade residencial, o cônjuge sobrevivente ou o companheiro e, sucessivamente, os herdeiros necessários e as pessoas que viviam na dependência econômica do de cujus, *desde que residentes no imóvel;*

II – nas locações com finalidade não residencial, o espólio e, se for o caso, seu sucessor no negócio.

O art. 12 cuida da alteração da condição conjugal dos locatários (caput) e o § 1º determina a obrigação do sub-rogado de informar o ocorrido ao locador e fiador (se o tiver). A novidade está no § 2º desse artigo, quando o fiador, tomando conhecimento do falecimento do locatário, poderá exonerar-se de suas responsabilidades, mas deverá observar que permanecerá responsável por 120 dias, ou até o locatário substituí-lo (se isso ocorrer antes dos 120 dias).

Então tem-se a pergunta:

- **Pode o fiador exonerar-se da fiança a qualquer tempo?**

A exoneração prevista neste art. 12, incluída pela Lei nº 12.112/2009, trata apenas do caso de o locatário falecer. Afinal, a fiança ocorre por mútua confiança e, falecendo o locatário pode o fiador sentir-se inseguro quanto ao sub-rogado.

Antigamente a lei não dava essa possibilidade ao fiador. Mesmo morrendo o locatário deveria permanecer obrigado ao contrato até sua finalização.

Mas, observe-se, ficará ainda responsável por 120 dias após a notificação do locador e deverá fazer a comunicação dentro de 30 dias contados a partir do recebimento da comunicação feita pelo sub-rogado. Se o fizer no trigésimo primeiro dia, não terá validade.

Assim, não pode o fiador se exonerar a qualquer momento, nos termos da alteração dada pela Lei nº 12.112/2009.

Observe-se que estamos em seção do capítulo das disposições gerais da lei, ou seja, esse artigo se refere tanto a locação residencial como não residencial.

- **E no caso de prorrogação do contrato? O fiador tem de ficar até o final indeterminado?**

Isto foi alterado, mas na seção VII que trata das garantias locatícias.

Antes dela, a lei cuidou:

SEÇÃO II – *trata das sublocações (arts. 14 a 16)*

SEÇÃO III – *trata do aluguel (arts. 17 a 21)*

SEÇÃO IV – *trata dos deveres do locador e do locatário (arts. 22 a 26)*

SEÇÃO V – *trata do direito de preferência do locatário no caso de venda, promessa de venda, cessão ou promessa de cessão de direitos ou dação em pagamento (arts. 27 a 34)*

SEÇÃO VI – *trata das benfeitorias necessárias e voluptuárias efetuadas pelo locatário no imóvel (arts. 35 e 36)*

SEÇÃO VII – *trata das garantias locatícias (arts. 37 a 42).* Aqui também o legislador fez alterações

Nos termos do art. 37, no contrato de locação, pode o locador exigir do locatário uma das seguintes modalidades de garantia (é vedada mais de uma):

I – caução; (poderá ser em bens móveis – em dinheiro não poderá exceder a três meses de aluguel; de bens móveis deverá ser registrada em cartório de títulos e documentos; de títulos e ações deverá ser substituída, no prazo de trinta dias, no caso de concordata, falência ou liquidação das sociedades emissoras; ou imóveis – deverá ser averbada à margem da respectiva matrícula);

II – fiança;

III – seguro de fiança locatícia;

IV – cessão fiduciária de quotas de fundo de investimento.

Agora, respondendo à retro acima temos o art. 39:

> Art. 39. Salvo disposição contratual em contrário, qualquer das garantias da locação se estende até a efetiva devolução do imóvel, ainda que prorrogada a locação por prazo indeterminado, por força desta Lei.

Ou seja, nada mudou em relação fiador. A redação do art. 39 apenas aclarou que o fiador PERMANECE RESPONSÁVEL AINDA QUE PRORROGADA A LOCAÇÃO POR PRAZO INDETERMINADO.

- **Mas, não estão dizendo que o fiador pode se exonerar da fiança a qualquer tempo?**

São duas situações distintas. O que a lei alterou foi, nos termos do inciso X do art. 40, que, quando se tratar de contrato prorrogado por prazo indeterminado, a qualquer tempo poderá o fiador exonerar-se, mas ficará obrigado pelo contrato por 120 dias, como no caso da sub-rogação.

- **Mas, então o fiador NÃO PODE MAIS SE EXONERAR QUANDO QUISER COMO PREVIA O INCISO IV DO ART. 40?**

Sim, pode! Neste ponto nada foi mudado. A diferença está no prazo do contrato.

Em um contrato com prazo determinado, o fiador pode exonerar-se. Neste caso ele se exonera e não mais se responsabiliza pelo contrato a partir da data de sua manifestação (inciso IV do art. 40), mas, se se tratar de contrato por tempo indeterminado, aí vem a novidade: exonera-se e fica responsável ainda por mais 120 dias.

A Lei nº 12.112/2009 fez alterações no art. 40, que agora possui a seguinte redação:

Art. 40. O locador poderá exigir novo fiador ou a substituição da modalidade de garantia, nos seguintes casos:

I – morte do fiador;

II – ausência, interdição, recuperação judicial, falência ou insolvência do fiador, declaradas judicialmente; (Inciso com redação dada pela Lei nº 12.112, de 9.12.2009)

III – alienação ou gravação de todos os bens imóveis do fiador ou sua mudança de residência sem comunicação ao locador;

IV – exoneração do fiador;

V – prorrogação da locação por prazo indeterminado, sendo a fiança ajustada por prazo certo;

VI – desaparecimento dos bens móveis;

VII – desapropriação ou alienação do imóvel.

VIII – exoneração de garantia constituída por quotas de fundo de investimento;

IX – liquidação ou encerramento do fundo de investimento de que trata o inciso IV do art. 37 desta Lei.

X – prorrogação da locação por prazo indeterminado uma vez notificado o locador pelo fiador de sua intenção de desoneração, ficando obrigado por todos os efeitos da fiança, durante 120 (cento e vinte) dias após a notificação ao locador. (inciso acrescido pela Lei nº 12.112, de 9.12.2009)

Parágrafo único. O locador poderá notificar o locatário para apresentar nova garantia locatícia no prazo de 30 (trinta) dias, sob pena de desfazimento da locação. (Parágrafo acrescido pela Lei nº 12.112, de 9.12.2009)

O próximo artigo que a Lei nº 12.112/2009 alterou foi o 59.

Já estamos, portanto, na segunda parte da Lei (Título II – Dos procedimentos – a partir do art. 58).

Não houve alteração nas seções:

VIII – trata das penalidades criminais e civis (arts. 43 e 44)

IX – trata das nulidades (art. 45)

Não se mexeu quanto às disposições especiais:

O CAPÍTULO II

A SEÇÃO I – trata da locação residencial (arts. 46 e 47)

A SEÇÃO II – trata da locação por temporada (arts. 48 a 50)

A SEÇÃO III – trata da locação não residencial (arts. 51 a 57)

Nesta seção o projeto de Lei previa alteração no § 3º do art. 52:

> "§ 3º. O locatário terá direito a indenização para ressarcimento dos prejuízos e dos lucros cessantes que tiver com mudança, perda do lugar e desvalorização do fundo de comércio se o locador, no prazo de 3 (três) meses da entrega do imóvel, não der o destino alegado ou não iniciar as obras determinadas pelo poder público ou que declarou pretender realizar."

Razões do veto

> "A ideia do projeto contempla situação com a qual não se pode concordar sob o ponto de vista do interesse público, considerando que, se por um lado a melhor proposta de terceiro tem todo o fundamento necessário para implementar a não renovação da locação – por razões óbvias e de cunho mercadológico –, por outro, o locatário preterido poderá sofrer prejuízos em decorrência da necessária desocupação e da desvalorização do estabelecimento comercial, prejuízos esses que não podem permanecer sem a devida reparação."

O que não ocorreu, ou seja, os artigos pertinentes à regulamentação da locação residencial não foram alterados.

Alterações ocorreram no Título seguinte:

TÍTULO II – DOS PROCEDIMENTOS

CAPÍTULO II – Das Ações de Despejo – (arts. 59 a 66)

A Lei nº 12.112/2009 acresceu os incisos VI a IX do § 1º, § 3º do art. 59; e alterou os arts. 62, 63 e 64.

Observe-se que este capítulo abrange tanto os contratos de locação residencial como não residencial:

> Art. 59. Com as modificações constantes deste capítulo, as ações de despejo terão o rito ordinário.
>
> § 1º. Conceder-se-á liminar para desocupação em quinze dias, independentemente da audiência da parte contrária e desde que prestada a caução no valor equivalente a três meses de aluguel, nas ações que tiverem por fundamento exclusivo:
>
> I – o descumprimento do mútuo acordo (art. 9º, inciso I), celebrado por escrito e assinado pelas partes e por duas tes-

temunhas, no qual tenha sido ajustado o prazo mínimo de seis meses para desocupação, contado da assinatura do instrumento;

II – o disposto no inciso II do art. 47, havendo prova escrita da rescisão do contrato de trabalho ou sendo ela demonstrada em audiência prévia;

III – o término do prazo da locação para temporada, tendo sido proposta a ação de despejo em até trinta dias após o vencimento do contrato;

IV – a morte do locatário sem deixar sucessor legítimo na locação, de acordo com o referido no inciso I do art. 11, permanecendo no imóvel pessoas não autorizadas por lei;

V – a permanência do sublocatário no imóvel, extinta a locação, celebrada com o locatário.

VI – o disposto no inciso IV do art. 9º, havendo a necessidade de se produzir reparações urgentes no imóvel, determinadas pelo poder público, que não possam ser normalmente executadas com a permanência do locatário, ou, podendo, ele se recuse a consenti-las; (Inciso acrescido pela Lei nº 12.112, de 9.12.2009)

VII – o término do prazo notificatório previsto no parágrafo único do art. 40, sem apresentação de nova garantia apta a manter a segurança inaugural do contrato; (Inciso acrescido pela Lei nº 12.112, de 9.12.2009)

VIII – o término do prazo da locação não residencial, tendo sido proposta a ação em até 30 (trinta) dias do termo ou do cumprimento de notificação comunicando o intento de retomada; (Inciso acrescido pela Lei nº 12.112, de 9.12.2009)

IX – a falta de pagamento de aluguel e acessórios da locação no vencimento, estando o contrato desprovido de qualquer das garantias previstas no art. 37, por não ter sido contratada ou em caso de extinção ou pedido de exoneração dela, independentemente de motivo. (Inciso acrescido pela Lei nº 12.112, de 9.12.2009)

§ 2º. Qualquer que seja o fundamento da ação dar-se-á ciência do pedido aos sublocatários, que poderão intervir no processo como assistentes.

§ 3º. No caso do inciso IX do § 1º deste artigo, poderá o locatário evitar a rescisão da locação e elidir a liminar de deso-

cupação se, dentro dos 15 (quinze) dias concedidos para a desocupação do imóvel e independentemente de cálculo, efetuar depósito judicial que contemple a totalidade dos valores devidos, na forma prevista no inciso II do art. 62. (Parágrafo acrescido pela Lei nº 12.112, de 9.12.2009)

É daqui que vem a dúvida:

- **É verdade que em 45 (quarenta e cinco) dias se poderá efetivar um despejo por falta de pagamento?**
- **Agora, basta entrar em juízo e comprovar a falta de pagamento e se tem o despejo em 15 dias?**

O parágrafo primeiro do artigo 59 prevê a concessão de liminar para desocupação, em 15 dias, independentemente de intimação da parte contrária. A Lei nº 12.112 acrescentou quatro possibilidades às já existentes, ou seja, já, antes da alteração era possível conseguir a decretação do despejo em liminar para os seguintes casos:

I – o descumprimento do mútuo acordo;

II – em decorrência de extinção do contrato de trabalho, se a ocupação do imóvel pelo locatário relacionada com o seu emprego, havendo prova escrita da rescisão do contrato de trabalho ou sendo ela demonstrada em audiência prévia;

III – o término do prazo da locação para temporada, tendo sido proposta a ação de despejo em até trinta dias após o vencimento do contrato;

IV – a morte do locatário sem deixar sucessor legítimo na locação, permanecendo no imóvel pessoas não autorizadas por lei;

V – a permanência do sublocatário no imóvel, extinta a locação, celebrada com o locatário.

A partir de agora, também se conseguirá a liminar para os seguintes casos:

VI – para a realização de reparações urgentes determinadas pelo Poder Público, que não possam ser normalmente executadas com a permanência do locatário no imóvel ou, podendo, ele se recuse a consenti-las

VII – quando do término do prazo de 30 dias para o locatário apresentar garantia locatícia, sem apresentação de nova garantia apta a manter a segurança inaugural do contrato;

VIII – o término do prazo da locação não residencial, tendo sido proposta a ação em até 30 (trinta) dias do termo ou do cumprimento de notificação comunicando o intento de retomada;

IX – a falta de pagamento de aluguel e acessórios da locação no vencimento, estando o contrato desprovido de qualquer das garantias previstas no art. 37, por não ter sido contratada ou em caso de extinção ou pedido de exoneração dela, independentemente de motivo.

A Lei nº 12.112 ampliou as possibilidades de obtenção de liminar para desocupação do imóvel incluindo no rol, a falta de garantia (inciso VII) e a falta de pagamento quando o contrato não tiver garantia (IX).

Observe-se que essa liminar só será concedida no caso de falta pagamento para os contratos que não têm quaisquer garantia! Para aqueles que possuem fiador ou qualquer outra forma de garantia o locador não poderá utilizar-se dessa liminar.

E, ainda, essa possibilidade existe desde que o locador efetive o depósito judicial no valor de três alugueres!

Então, não basta a falta de pagamento, mas ela deve ocorrer no contrato que não possua garantia.

É nesta parte da alteração legal que as pessoas estão mais preocupadas.

Mas o prazo não é de quarenta e cinco dias.

Veja, no caso da locação não residencial – inciso VIII – a liminar será concedida se houver ação proposta em até 30 dias após o termo ou do cumprimento de notificação comunicando o intento de retomada. Ou seja, o contrato terminou, o locador adentrou com a ação judicial e agora vem pedir, *in limine*, a desocupação; isso pode ocorrer a qualquer momento antes da finalização da ação, não no início, bem como, para ver o pedido concedido, deverá o locador efetuar o depósito de três alugueres.

O mesmo se diga da falta de pagamento para contratos que não tenham garantia. Antes de entrar com a ação é praxe a efetivação da cobrança, primeiro por telefone, depois por carta. Aí então é que se vai providenciar um advogado para o pedido de despejo. E, até o ajuizamento, distribuição, citação, com certeza já se passaram, pelo menos 2 meses.

E, relativamente ao despejo por falta de pagamento, a liminar só será deferida, repita-se, se não possuir qualquer garantia, caso contrário não.

- **E quanto aos lojistas?**

Este art. 59 contemplou o despejo *in limine* para o caso de inexistência de ação renovatória e com ação de retomada do imóvel proposta no prazo de 30 dias após o término do contrato ou da data estipulada para a desocupação do imóvel. Se o contrato não estiver enquadrado nesta hipótese, não ocorrerá o despejo *in limine*.

Ainda, relativamente às ações de despejo por falta de pagamento, o art. 62 traz novidades:

Observe-se, pela nova redação do *caput,* que se poderá requerer o despejo por falta de pagamento tão somente de acessórios da locação, ou diferenças de aluguéis. Ou seja, qualquer tipo de inadimplemento é considerada causa válida para a ação de despejo.

Neste ponto, realmente a lei está mais preocupada com a adimplência e com o locador.

> *Art. 62. Nas ações de despejo fundadas na falta de pagamento de aluguel e acessórios da locação, de aluguel provisório, de diferenças de aluguéis, ou somente de quaisquer dos acessórios da locação, observar-se-á o seguinte:*

O Inciso I renova radicalmente a ação de despejo. Poder-se-á CUMULAR os pedidos de despejo com cobrança dos aluguéis e acessórios! Um enorme salto para a celeridade processual!

Na prática, efetivamente, a questão da desocupação do imóvel não muda, o que altera é o tempo de cobrança que se inicia já na mesma ação de despejo e também em relação ao fiador.

A cautela fica com o procurador do locador que deverá ser cuidadoso quanto aos valores requeridos na inicial. Neste ponto aconselha-se que se crie uma tabela de cálculos onde constem todos os encargos e porcentagens para correção/atualização, incluindo aí os valores das custas com a distribuição da ação bem como dos honorários advocatícios. Esses valores devem ser acompanhados de comprovantes a fim de que não possa causar dúvidas (luz, água, contrato com valor do aluguel, multa, mora, honorários advocatícios).

Justifica-se essa cautela pelos termos do inciso II.

> *I – o pedido de rescisão da locação poderá ser cumulado com o pedido de cobrança dos aluguéis e acessórios da locação; nesta hipótese, citar-se-á o locatário para responder ao pedido de rescisão e o locatário e os fiadores para responderem ao pedido de cobrança, devendo ser apresentado, com a inicial, cálculo discriminado do valor do débito;*

II – o locatário e o fiador poderão evitar a rescisão da locação efetuando, no prazo de 15 (quinze) dias, contado da citação, o pagamento do débito atualizado, independentemente de cálculo e mediante depósito judicial, incluídos:

a) os aluguéis e acessórios da locação que vencerem até a sua efetivação;

b) as multas ou penalidades contratuais, quando exigíveis;

c) os juros de mora;

d) as custas e os honorários do advogado do locador, fixados em dez por cento sobre o montante devido, se do contrato não constar disposição diversa;

O locatário ou seu fiador poderá purgar a mora. E, agora, o prazo é efetivamente os 15 dias para a contestação. Como dito retro, o que mudou foi a forma de cobrança; está bem mais célere. Então, recebendo a citação, se o locatário tem interesse em continuar no imóvel deverá quitar integralmente seu débito.

Caso faça depósito parcial, a lei também está mais severa quanto ao tempo:

III – efetuada a purga da mora, se o locador alegar que a oferta não é integral, justificando a diferença, o locatário poderá complementar o depósito no prazo de 10 (dez) dias, contado da intimação, que poderá ser dirigida ao locatário ou diretamente ao patrono deste, por carta ou publicação no órgão oficial, a requerimento do locador;

E, também, quanto à permissão para que se faça depósito parcial, pois o parágrafo único não mais admite a emenda da mora se isso já tiver ocorrido nos últimos 24 meses.

A grande celeuma está nas alterações ocorridas no art. 63.

- **Após a sentença de despejo, o locatário terá somente 30 dias para desocupar o imóvel?**

Em verdade, sempre foi de 30 dias o prazo. Só que, na prática, entre a publicação da sentença, a constatação de não desocupação voluntária, a informação ao juízo, a determinação para expedição de mandado, a efetiva expedição do mandado, a entrega ao Oficial de Justiça e o efetivo cumprimento, transcorriam lá seus seis meses (ou mais) para execução.

A diferença está na celeridade processual: julgada procedente a ação de despejo, imediatamente o juiz determinará a expedição de mandado de despejo que conterá o prazo de 30 dias para a desocupação voluntária (ou 15 para os casos elencados no § 1º).

Assim, publicada a sentença, inicia-se o prazo para desocupação. Mantendo-se o inquilino no imóvel, far-se-á o pedido para o despejo coercitivo.

A redação do artigo fornece interpretações distintas: "julgada procedente a ação de despejo o juiz determinará a expedição de mandado de despejo":

a) entendo-se que esse mandado já será passado para as mãos do Oficial de Justiça que irá informar o réu da sentença, dar-lhe o prazo e o aviso do despejo coercitivo dali a 30 dias;

b) o procurador do réu tomará ciência pela publicação, como também será encaminhada cópia da decisão, por carta, ao interessado. O locador, constatando que o inquilino não saiu do imóvel deverá peticionar informando e requerendo o despejo coercitivo.

Art. 63. Julgada procedente a ação de despejo, o juiz determinará a expedição de mandado de despejo, que conterá o prazo de 30 (trinta) dias para a desocupação voluntária, ressalvado o disposto nos parágrafos seguintes.

§ 1º. O prazo será de quinze dias se:

a) entre a citação e a sentença de primeira instância houverem decorrido mais de quatro meses; ou

b) o despejo houver sido decretado com fundamento no art. 9º ou no § 2º do art. 46.

§ 4º A sentença que decretar o despejo fixará o valor da caução para o caso de ser executada provisoriamente.

No caso de o despejo ser em execução provisória, ou seja, em sentença que não transitou em julgado, que exista alguma possibilidade de alteração, para que ocorra a desocupação, deverá o locador efetuar caução.

A redação anterior do art. 64 previa caução entre 12 a 18 meses de aluguel.

A redação atual está mais branda: determina caução entre 6 a 12 meses:

Art. 64. Salvo nas hipóteses das ações fundadas no art. 9º, a execução provisória do despejo dependerá de caução não inferior a 6 (seis) meses nem superior a 12 (doze) meses do aluguel, atualizado até a data da prestação da caução.

§ 1º. A caução poderá ser real ou fidejussória e será prestada nos autos da execução provisória.

§ 2º. Ocorrendo a reforma da sentença ou da decisão que concedeu liminarmente o despejo, o valor da caução reverterá em favor do réu, como indenização mínima das perdas e danos, podendo este reclamar, em ação própria, a diferença pelo que a exceder.

O próximo artigo alterado pela Lei nº 12.112/2009 foi o 68, relativo ao Capítulo IV desta segunda parte da Lei: Da Ação Revisional de Aluguel.

A novidade está na terminologia. Agora a lei é expressa ao mencionar locador e locatário. Anteriormente mencionava tão somente autor.

Também houve alteração na celeridade processual: não havendo conciliação, na própria audiência conciliatória já determinará a realização de perícia, se necessária, e designará a data da audiência de instrução e julgamento. Antes a audiência de conciliação era suspensa.

Finalmente, a Lei nº 12.112/2009 alterou os arts. 71 e 74 da Lei do Inquilinato, pertencentes ao Capítulo V do Título II, referentes a ação renovatória.

São as alterações que envolvem diretamente os contratos não residenciais e estão causando grande preocupação entre os lojistas, pois retirada a expressão "trânsito em julgado" da redação do art. 74, com redução de 6 meses para 30 dias o prazo de desocupação do imóvel.

Vamos entender a ação renovatória, que é proposta pelo locatário quando deseja permanecer no imóvel. As redações dos artigos são suficientes para o entendimento:

Art. 71. Além dos demais requisitos exigidos no art. 282 do Código de Processo Civil, a petição inicial da ação renovatória deverá ser instruída com:

I – prova do preenchimento dos requisitos dos incisos I, II e III do art. 51(*);

(*) Art. 51. Nas locações de imóveis destinados ao comércio, o locatário terá direito a renovação do contrato, por igual prazo, desde que, cumulativamente:

I – o contrato a renovar tenha sido celebrado por escrito e com prazo determinado;

II – o prazo mínimo do contrato a renovar ou a soma dos prazos ininterruptos dos contratos escritos seja de cinco anos;

III – o locatário esteja explorando seu comércio, no mesmo ramo, pelo prazo mínimo e ininterrupto de três anos.

II – prova do exato cumprimento do contrato em curso;

III – prova da quitação dos impostos e taxas que incidiram sobre o imóvel e cujo pagamento lhe incumbia;

IV – indicação clara e precisa das condições oferecidas para a renovação da locação;

V – indicação do fiador quando houver no contrato a renovar e, quando não for o mesmo, com indicação do nome ou denominação completa, número de sua inscrição no Ministério da Fazenda, endereço e, tratando-se de pessoa natural, a nacionalidade, o estado civil, a profissão e o número da carteira de identidade, comprovando, desde logo, mesmo que não haja alteração do fiador, a atual idoneidade financeira;

VI – prova de que o fiador do contrato ou o que o substituir na renovação aceita os encargos da fiança, autorizado por seu cônjuge, se casado for;

VII – prova, quando for o caso, de ser cessionário ou sucessor, em virtude de título oponível ao proprietário.

Parágrafo único. Proposta a ação pelo sublocatário do imóvel ou de parte dele, serão citados o sublocador e o locador, como litisconsortes, salvo se, em virtude de locação originária ou renovada, o sublocador dispuser de prazo que admita renovar a sublocação; na primeira hipótese, procedente a ação, o proprietário ficará diretamente obrigado à renovação.

Art. 72. A contestação do locador, além da defesa de direito que possa caber, ficará adstrita, quanto à matéria de fato, ao seguinte:

I – não preencher o autor os requisitos estabelecidos nesta lei;

II – não atender, a proposta do locatário, o valor locativo real do imóvel na época da renovação, excluída a valorização trazida por aquele ao ponto ou lugar;

III – ter proposta de terceiro para a locação, em condições melhores;

IV – não estar obrigado a renovar a locação (incisos I e II do art. 52). (*)

(*) *Art. 52. O locador não estará obrigado a renovar o contrato se:*

I – por determinação do Poder Público, tiver que realizar no imóvel obras que importarem na sua radical transformação; ou para fazer modificações de tal natureza que aumente o valor do negócio ou da propriedade;

II – o imóvel vier a ser utilizado por ele próprio ou para transferência de fundo de comércio existente há mais de um ano, sendo detentor da maioria do capital o locador, seu cônjuge, ascendente ou descendente.

§ 1º. No caso do inciso II, o locador deverá apresentar, em contraproposta, as condições de locação que repute compatíveis com o valor locativo real e atual do imóvel.

§ 2º. No caso do inciso III, o locador deverá juntar prova documental da proposta do terceiro, subscrita por este e por duas testemunhas, com clara indicação do ramo a ser explorado, que não poderá ser o mesmo do locatário. Nessa hipótese, o locatário poderá, em réplica, aceitar tais condições para obter a renovação pretendida.

§ 3º. No caso do inciso I do art. 52, a contestação deverá trazer prova da determinação do Poder Público ou relatório pormenorizado das obras a serem realizadas e da estimativa de valorização que sofrerá o imóvel, assinado por engenheiro devidamente habilitado.

§ 4º. Na contestação, o locador, ou sublocador, poderá pedir, ainda, a fixação de aluguel provisório, para vigorar a partir do primeiro mês do prazo do contrato a ser renovado, não excedente a oitenta por cento do pedido, desde que apresentados elementos hábeis para aferição do justo valor do aluguel.

§ 5º. Se pedido pelo locador, ou sublocador, a sentença poderá estabelecer periodicidade de reajustamento do aluguel diversa daquela prevista no contrato renovando, bem como adotar outro indexador para reajustamento do aluguel.

Art. 73. Renovada a locação, as diferenças dos aluguéis vencidos serão executadas nos próprios autos da ação e pagas de uma só vez.

Art. 74. Não sendo renovada a locação, o juiz determinará a expedição de mandado de despejo, que conterá o prazo de 30 (trinta) dias para a desocupação voluntária, se houver pedido na contestação.

Art. 75. Na hipótese do inciso III do art. 72, a sentença fixará desde logo a indenização devida ao locatário em consequência da não prorrogação da locação, solidariamente devida pelo locador e o proponente.

A discussão está na retirada do termo "trânsito em julgado" que existia na redação do art. 74. Os locatários não residenciais, principalmente lojistas, segundo algumas pessoas da área imobiliária, estão inseguros, pois em sua interpretação bastaria uma sentença de primeiro grau para determinar a saída, em 30 dias do locatário, sendo certo ainda, que a redação anterior previa o prazo de 180 dias.

Se observarmos a redação anterior do art. 74, verificamos, em primeiro lugar, que o prazo de desocupação não era de 180 dias e sim de **até seis meses**, a critério do juiz.

Relativamente à exclusão do termo "trânsito em julgado", acreditamos, s.m.j., que não se trata de exclusão da apelação. A redação está clara: não sendo renovada a locação, o juiz determinará a expedição de mandado de despejo. Não quer dizer que essa determinação, provavelmente já contida na sentença de primeiro grau, seja atendida de imediato. Este artigo não pode e não está indo de encontro ao Código de Processo Civil.

Vejamos a redação revogada:

Art. 74. Não sendo renovada a locação, o juiz fixará o prazo de até seis meses após o trânsito em julgado da sentença para desocupação, se houver pedido na contestação.

É o mesmo caso do *caput* do art. 63 já comentado.

Pela redação anterior, após o trânsito em julgado da sentença é que o juiz fixava o prazo para a desocupação, ou seja, determinava a expedição do mandado.

Pela nova redação, quando da sentença já se determina a expedição do mandado. Isso não significa que da sentença de primeiro grau não caiba recurso.

Há que se observar, antes de qualquer outra manifestação, o inciso V do art. 58:

Art. 58. Ressalvados os casos previstos no parágrafo único do art. 1º, nas ações de despejo, consignação em pagamento de aluguel e acessório da locação, revisionais de aluguel e renovatórias de locação, (...) observar-se-á o seguinte: (...)

V – os recursos interpostos contra as sentenças terão efeito somente devolutivo. *(grifo nosso)*

Ou seja, mesmo antes da subtração do termo "trânsito em julgado" o recurso não tinha o efeito suspensivo. A redação do art. 74 estava incoerente com as normas gerais da lei.

Lei do Inquilinato

Lei do Inquilinato

COMENTÁRIOS ÀS ALTERAÇÕES INTRODUZIDAS NA LEI Nº 8.245, DE 18 DE OUTUBRO DE 1991 PELA LEI Nº 12.112, DE 9 DE DEZEMBRO DE 2009

O QUE A LEI Nº 12.112/2009, QUE ENTRA EM VIGOR A PARTIR DO DIA 24.1.2010 ALTEROU NA LEI DO INQUILINATO?

Em 10.12.2009 houve a publicação da Lei nº 12.112, que alterou vários artigos da Lei nº 8.245, de 18 de outubro de 1991, no intuito de aperfeiçoar e modernizar as regras e procedimentos sobre locação de imóvel urbano.

Através da mensagem de veto nº 1.004 publicada na mesma data, vetou-se o art. 3º desta Lei que determinava o seu imediato vigor, por considerá-la de grande repercussão.

Mas, o que veio a Lei nº 12.112/2009 alterar?

Para melhor entendermos, descreveremos os artigos, com as redações antiga e nova, seguidas dos comentários.

- **CAPUT DO ARTIGO 4º**

Redação antiga:

Art. 4º. Durante o prazo estipulado para a duração do contrato, não poderá o locador reaver o imóvel alugado. O locatário, todavia, poderá devolvê-lo, pagando a multa pactuada, segundo a proporção prevista no art. 924 do Código Civil e, na sua falta, a que for judicialmente estipulada.

Nova redação:

Art. 4º. Durante o prazo estipulado para a duração do contrato, não poderá o locador reaver o imóvel alugado. O locatário, todavia, poderá devolvê-lo, pagando a multa pactuada, proporcionalmente ao período de cumprimento do contrato, ou, na sua falta, a que for judicialmente estipulada.

Comentário:

Esta alteração tem o intuito de adequação, uma vez que o art. 924 referia-se ao Código Civil anterior, de 1916, já revogado ("*Quando se cumprir em parte a obrigação, poderá o juiz reduzir proporcionalmente a pena estipulada para o caso de mora, ou de inadimplemento.*") e de proporcionar equilíbrio contratual.

O Código Civil em vigor, dispõe:

Art. 571. Havendo prazo estipulado à duração do contrato, antes do vencimento não poderá o locador reaver a coisa alugada, senão ressarcindo ao locatário as perdas e danos resultantes, nem o locatário devolvê-la ao locador, senão pagando, proporcionalmente, a multa prevista no contrato.

Parágrafo único. O locatário gozará do direito de retenção, enquanto não for ressarcido.

A multa contratual fixada, agora deve ser dividida proporcionalmente ao tempo da duração do contrato. Assim, numa locação residencial na qual o locatário, após 12 meses, manifeste interesse em desocupar o imóvel, se contrato de 36 meses, pagará 2/3 (dois terços) da multa pactuada.

Esclareça-se que, observando-se o disposto no art. 6º da Lei de Introdução ao Código Civil,(*) este artigo somente terá valor para os contratos pactuados a partir da vigência desta alteração, ou seja, 25.1.2010.

(*) Art. 6º. A lei em vigor terá efeito imediato e geral, respeitados o ato jurídico perfeito, o direito adquirido e a coisa julgada.

§ 1º. Reputa-se ato jurídico perfeito o já consumado segundo a lei vigente ao tempo em que se efetuou.

§ 2º. Consideram-se adquiridos assim os direitos que o seu titular, ou alguém por ele, possa exercer, como aqueles cujo começo do exercício tenha termo prefixo, ou condição preestabelecida inalterável, a arbítrio de outrem.

§ 3º. Chama-se coisa julgada ou caso julgado a decisão judicial de que já não caiba recurso.

- **ARTIGO 12**

Redação antiga:

Art. 12. Em casos de separação de fato, separação judicial, divórcio ou dissolução da sociedade concubinária, a loca-

ção prosseguirá automaticamente com o cônjuge ou companheiro que permanecer no imóvel.

Parágrafo único. Nas hipóteses previstas neste artigo, a sub-rogação será comunicada por escrito ao locador, o qual terá o direito de exigir, no prazo de trinta dias, a substituição do fiador ou o oferecimento de qualquer das garantias previstas nesta lei.

Nova redação:

Art. 12. Em casos de separação de fato, separação judicial, divórcio ou dissolução da união estável, a locação residencial prosseguirá automaticamente com o cônjuge ou companheiro que permanecer no imóvel.

§ 1º. Nas hipóteses previstas neste artigo e no art. 11, a sub-rogação será comunicada por escrito ao locador e ao fiador, se esta for a modalidade de garantia locatícia.

§ 2º. O fiador poderá exonerar-se das suas responsabilidades no prazo de 30 (trinta) dias contado do recebimento da comunicação oferecida pelo sub-rogado, ficando responsável pelos efeitos da fiança durante 120 (cento e vinte) dias após a notificação ao locador.

Comentário:

A novidade está nos parágrafos. Agora, quando da ocorrência de sub-rogação, há a necessidade de comunicação escrita, não só para o locador, mas também para o fiador, que, de agora em diante, poderá se exonerar através de notificação ao locador, dentro do prazo de 30 dias, contados a partir do recebimento da comunicação do sub-rogado. Não é mais o locador quem poderá exigir a substituição do fiador, mas o fiador é quem poderá se exonerar do encargo.

Observe-se, ainda, o mesmo procedimento para os termos do art. 11 da Lei, ou seja, quando da morte do locatário. A redação anterior não previa a possibilidade de o fiador renunciar ao seu encargo no caso de falecimento do locatário, nem, tampouco, neste caso de separação, divórcio ou dissolução de união estável.

Após a comunicação, permanecerá o fiador responsável pelos efeitos da fiança por 120 dias (ou até que o locatário providencie substituto, se isto ocorre antes dos 120 dias).

À primeira vista, poder-se-ia dizer que, aqui, temos uma lacuna da Lei. Anteriormente a lei resguardava o locador, pois era ele quem poderia exigir a troca do fiador. Agora, o fiador pode exonerar-se de pronto. E terá o locador, nesse prazo de 120 dias, de agir com eficácia e rigidez no sentido de o sub-rogado apresentar novo fiador ou mesmo pedir a desocupação do imóvel, sob pena de o contrato permanecer sem a fiança.

Ocorre, no entanto, que, se o fiador utilizar-se da prerrogativa do § 2º do art. 12, adentramos à hipótese prevista no inciso V do art. 40, ou seja, *"o locador poderá exigir novo fiador ou a substituição da modalidade de garantia no caso de exoneração do fiador"*, levando-nos, assim, à generalidade (não importa a causa do pedido de exoneração), ou seja, se o sub-rogado não apresentar novo fiador, o locador poderá fazer prevalecer os termos do Parágrafo único do artigo 40 (acrescido pela Lei nº 12.112/2009), qual seja, ver declarado o desfazimento da locação e a desocupação do imóvel nos termos do inciso VII do § 1º do art. 59 (também acrescido pela Lei *in comento*).

- *ARTIGO 39*

Redação antiga:

Art. 39. *Salvo disposição contratual em contrário, qualquer das garantias da locação se estende até a efetiva devolução do imóvel.*

Nova redação:

Art. 39. *Salvo disposição contratual em contrário, qualquer das garantias da locação se estende até a efetiva devolução do imóvel, ainda que prorrogada a locação por prazo indeterminado, por força desta Lei.*

Comentário:

A nova redação apenas vem aclarar possíveis dúvidas. As garantias se estenderão até a efetiva devolução do imóvel independentemente se a locação estiver ou não prorrogada por prazo indeterminado. A redação anterior deixava margem para outras interpretações.

Observe-se, no entanto, que, com o acréscimo do inciso X ao art. 40, a seguir comentado, no caso da prorrogação por prazo indeterminado, o fiador pode, a partir da prorrogação, a qualquer momento, exonerar-se dela, comunicando o locador, que poderá solicitar nova garantia ao locatário.

Muito embora a lei não preveja, é prudente, também, que o fiador, quando da comunicação ao locador, concomitantemente o faça ao locatário.

• **INCISO II DO ARTIGO 40
E ACRÉSCIMO DO INCISO X E PARÁGRAFO ÚNICO**
Redação antiga:
Art. 40. O locador poderá exigir novo fiador ou a substituição da modalidade de garantia, nos seguintes casos:

....

II – ausência, interdição, falência ou insolvência do fiador, declaradas judicialmente;

Nova redação e acréscimo:

II – ausência, interdição, recuperação judicial, falência ou insolvência do fiador, declaradas judicialmente;

....

X – prorrogação da locação por prazo indeterminado uma vez notificado o locador pelo fiador de sua intenção de desoneração, ficando obrigado por todos os efeitos da fiança, durante 120 (cento e vinte) dias após a notificação ao locador.

Parágrafo único. O locador poderá notificar o locatário para apresentar nova garantia locatícia no prazo de 30 (trinta) dias, sob pena de desfazimento da locação.

Comentário

O inciso II foi alterado tão somente para adequação à lei de recuperação judicial.

A novidade está no inciso X (aqui, para o caso de prorrogação por tempo indeterminado, a Lei vem permitir ao fiador sua exoneração, nos mesmos termos do § 2º do art. 12) e no Parágrafo único – que permite ao locador a notificação ao locatário para apresentar nova garantia sob pena de desfazimento da locação.

Fica claro que a exoneração de fiança, ficando obrigado o fiador por 120 dias, só é permitida a partir da prorrogação por tempo indeterminado, prevista no § 1º do art. 46, para locações residenciais e Parágrafo único do art. 56, para locações não residenciais. A exoneração prevista no inciso IV do art. 40 não possui as mesmas características desta *in comento*.

• **ARTIGO 59:
ACRÉSCIMO DOS INCISOS VI A IX DO § 1º E DO § 3º**
Redação antiga:
Art. 59. Com as modificações constantes deste capítulo, as ações de despejo terão o rito ordinário.

§ 1º. *Conceder-se-á liminar para desocupação em quinze dias, independentemente da audiência da parte contrária e desde que prestada a caução no valor equivalente a três meses de aluguel, nas ações que tiverem por fundamento exclusivo:*

I – o descumprimento do mútuo acordo (art. 9º, inciso I), celebrado por escrito e assinado pelas partes e por duas testemunhas, no qual tenha sido ajustado o prazo mínimo de seis meses para desocupação, contado da assinatura do instrumento;

II – o disposto no inciso II do art. 47, havendo prova escrita da rescisão do contrato de trabalho ou sendo ela demonstrada em audiência prévia;

III – o término do prazo da locação para temporada, tendo sido proposta a ação de despejo em até trinta dias após o vencimento do contrato;

IV – a morte do locatário sem deixar sucessor legítimo na locação, de acordo com o referido no inciso I do art. 11, permanecendo no imóvel pessoas não autorizadas por lei;

V – a permanência do sublocatário no imóvel, extinta a locação, celebrada com o locatário.

Acréscimo:

VI – o disposto no inciso IV do art. 9º,(*) havendo a necessidade de se produzir reparações urgentes no imóvel, determinadas pelo poder público, que não possam ser normalmente executadas com a permanência do locatário, ou, podendo, ele se recuse a consenti-las;

(*) Art. 9º. A locação também poderá ser desfeita: (...) IV – para a realização de reparações urgentes determinadas pelo Poder Público, que não possam ser normalmente executadas com a permanência do locatário no imóvel ou, podendo, ele se recuse a consenti-las.

VII – o término do prazo notificatório previsto no parágrafo único do art. 40, sem apresentação de nova garantia apta a manter a segurança inaugural do contrato;

VIII – o término do prazo da locação não residencial, tendo sido proposta a ação em até 30 (trinta) dias do termo ou do cumprimento de notificação comunicando o intento de retomada;

IX – a falta de pagamento de aluguel e acessórios da locação no vencimento, estando o contrato desprovido de qual-

quer das garantias previstas no art. 37,(*) por não ter sido contratada ou em caso de extinção ou pedido de exoneração dela, independentemente de motivo.

(*) Art. 37. No contrato de locação, pode o locador exigir do locatário as seguintes modalidades de garantia: I – caução; II – fiança; III – seguro de fiança locatícia; IV – cessão fiduciária de quotas de fundo de investimento. Parágrafo único. É vedada, sob pena de nulidade, mais de uma das modalidades de garantia num mesmo contrato de locação.

....

§ 3º. No caso do inciso IX do § 1º deste artigo, poderá o locatário evitar a rescisão da locação e elidir a liminar de desocupação se, dentro dos 15 (quinze) dias concedidos para a desocupação do imóvel e independentemente de cálculo, efetuar depósito judicial que contemple a totalidade dos valores devidos, na forma prevista no inciso II do art. 62.

Comentário:

O parágrafo primeiro do art. 59 trata das possibilidades para se obter a liminar de desocupação do imóvel no prazo de 15 dias, independentemente da audiência da parte contrária, desde que efetuada caução no valor de três alugueres pelo locador. Originariamente a lei previa 5 (cinco) possibilidades. A Lei nº 12.112/2009 acrescentou 4 (quatro):

a) nos casos de necessidade premente de reparação do imóvel nos termos do inciso IV do art. 9º (inciso VI). O legislador, com este acréscimo, inclui esta modalidade de desfazimento de contrato nas possibilidades de obtenção de liminar;

b) no caso de exoneração do fiador, e o locatário ou sub-rogado não apontar outro fiador (inciso VII). A consequência, aqui já comentada, do pedido de exoneração do fiador e a pronta atuação do locador (notificar o locatário para apresentar nova garantia) não atendida no prazo de 30 dias;

c) quando do término do prazo da locação não residencial (inciso VIII). Tendo o locador observado o prescrito no art. 57 (denunciar o contrato por tempo indeterminado por escrito) ou proposto a ação de despejo dentro em 30 dias da data do término do contrato (art. 56), verá acatado seu pedido de liminar, para, em 15 dias, ter o imóvel desocupado.

Observe-se, no entanto, que esta deferência legal só será concedida às locações não residenciais, assim definidas no artigo 55 da lei. Nas locações destinadas ao comércio há que se observar o direito de renovação previsto no art. 51, ou, no caso do art. 52, desde que haja a devida indenização.

d) no inadimplemento de aluguel e acessórios, se não houver garantia contratual (inciso IX), sendo certo que neste caso o parágrafo terceiro prevê a possibilidade de o inquilino efetuar o depósito judicial da totalidade da dívida.

Atenção: o locador poderá requerer a desocupação *in limine* somente se o contrato não possuir garantia e o inquilino estiver inadimplente com o aluguel e acessórios.

Nestas alterações vê-se a intenção do legislador em tornar célere a ação de despejo, principalmente em contrato sem garantia.

Observe-se que o § 3º permite que o locatário evite o despejo e a rescisão contratual desde que pague **integralmente** o débito, nos termos do inciso II do art. 62 a seguir descrito. Deixa de existir a possibilidade de pagamentos parciais para procrastinação do feito judicial por parte do locatário.

- ***ARTIGO 62: CAPUT, INCISOS I A IV E PARÁGRAFO ÚNICO***

   Redação antiga:

   Art. 62. Nas ações de despejo fundadas na falta de pagamento de aluguel e acessórios da locação, observar-se-á o seguinte:

   I – o pedido de rescisão da locação poderá ser cumulado com o de cobrança dos aluguéis e acessórios da locação, devendo ser apresentado, com a inicial, cálculo discriminado do valor do débito;

   II – o locatário poderá evitar a rescisão da locação requerendo, no prazo da contestação, autorização para o pagamento do débito atualizado, independentemente de cálculo e mediante depósito judicial, incluídos:

   a) os aluguéis e acessórios da locação que vencerem até a sua efetivação;

   b) as multas ou penalidades contratuais, quando exigíveis;

   c) os juros de mora;

d) as custas e os honorários do advogado do locador, fixados em dez por cento sobre o montante devido, se do contrato não constar disposição diversa;

III – autorizada a emenda da mora e efetuado o depósito judicial até quinze dias após a intimação do deferimento, se o locador alegar que a oferta não é integral, justificando a diferença, o locatário poderá complementar o depósito no prazo de dez dias, contados da ciência dessa manifestação;

IV – não sendo complementado o depósito, o pedido de rescisão prosseguirá pela diferença, podendo o locador levantar a quantia depositada;

V – os aluguéis que forem vencendo até a sentença deverão ser depositados à disposição do juízo, nos respectivos vencimentos, podendo o locador levantá-los desde que incontroversos;

VI – havendo cumulação dos pedidos de rescisão da locação e cobrança dos aluguéis, a execução desta pode ter início antes da desocupação do imóvel, caso ambos tenham sido acolhidos.

Parágrafo único. Não se admitirá a emenda da mora se o locatário já houver utilizado essa faculdade por duas vezes nos doze meses imediatamente anteriores à propositura da ação.

Nova redação:

Art. 62. Nas ações de despejo fundadas na falta de pagamento de aluguel e acessórios da locação, de aluguel provisório, de diferenças de aluguéis, ou somente de quaisquer dos acessórios da locação, observar-se-á o seguinte:

I – o pedido de rescisão da locação poderá ser cumulado com o pedido de cobrança dos aluguéis e acessórios da locação; nesta hipótese, citar-se-á o locatário para responder ao pedido de rescisão e o locatário e os fiadores para responderem ao pedido de cobrança, devendo ser apresentado, com a inicial, cálculo discriminado do valor do débito;

II – o locatário e o fiador poderão evitar a rescisão da locação efetuando, no prazo de 15 (quinze) dias, contado da citação, o pagamento do débito atualizado, independentemente de cálculo e mediante depósito judicial, incluídos:

III – efetuada a purga da mora, se o locador alegar que a oferta não é integral, justificando a diferença, o locatário poderá complementar o depósito no prazo de 10 (dez) dias, contado da intimação, que poderá ser dirigida ao locatário ou diretamente ao patrono deste, por carta ou publicação no órgão oficial, a requerimento do locador;

....

VI – havendo cumulação dos pedidos de rescisão da locação e cobrança dos aluguéis, a execução desta pode ter início antes da desocupação do imóvel, caso ambos tenham sido acolhidos.

Parágrafo único. Não se admitirá a emenda da mora se o locatário já houver utilizado essa faculdade nos 24 (vinte e quatro) meses imediatamente anteriores à propositura da ação.

Comentário:

Novamente o legislador vem gerir em prol da celeridade para finalização de contendas locatícias.

O *caput* do art. 62 agora é expresso. Poderá o locador iniciar uma ação de despejo também e somente por quaisquer dos acessórios da locação. Agora a ação é pertinente tão somente quanto a acessórios, não havendo necessidade de o inquilino estar inadimplente com o aluguel para poder ser acionado e/ou considerado rescindido o contrato. Assim, se o locatário estiver inadimplente, por exemplo, com água, luz, condomínio e em dia com o aluguel, poderá o locador requerer o adimplemento e a rescisão contratual judicialmente.

Também o inciso I vem de encontro com as necessidades do locador. A ação pode ser proposta, desde o princípio, em relação ao locatário pleiteando a rescisão do contrato, bem como o adimplemento dos débitos, e em relação ao fiador quanto ao adimplemento das obrigações. Tratar-se-ão de ações cumulativas.

Por sua vez, o inciso II traz também o fiador como parte capaz de evitar a rescisão (na redação original era somente o locatário), com a novidade de que deverão efetivar o depósito do valor da dívida no mesmo prazo dos 15 (quinze) dias para a contestação. Não mais se peticiona requerendo autorização para o depósito (meio procrastinatório). A partir da citação terão, o locatário e seu fiador, o prazo de 15 (quinze) dias para **comprovar** o depósito do valor devido, que deverá contemplar não só os encargos do contrato, mas, também as multas, os juros de mora, as custas e os honorários do advogado do locador (10% se não houver outra porcentagem estipulada no contrato).

Lembre-se, também, que, ao propor a ação, deverá o locador apresentar cálculo discriminado do valor do débito, ou seja, não deve se esquecer de nenhum dos itens elencados no inciso II, com as devidas atualizações, pois será com base nesse valor que poderá o locatário efetuar o depósito judicial integral.

Observe-se que o inciso III permite ao locador alegar a não integralidade da oferta do locatário, **justificando-a**. Ou seja, se após o ajuizamento da ação verificar erro ou falta de algum item, terá oportunidade de requerer a diferença, bem como a atualização do valor devido se da data da distribuição da ação até a citação decorrer mais de 30 dias e o inquilino efetuar a purga no 15º dia.

Neste caso, o locador se manifestando, após a purga, da não integralidade do valor devido, terão o locatário e seu fiador o prazo de 10 dias para complementação.

A redação do inciso IV apenas aclara que a complementação do depósito deve ser integral, sob pena de continuar a ação de rescisão pela diferença. No mais permanece a redação anterior.

A redação do Parágrafo único, também vem de encontro com as necessidades do locador. Agora, não se admitirá emenda da mora se o locatário já houver utilizado essa faculdade nos 24 meses imediatamente anteriores à propositura da ação. A redação anterior era mais branda ao locatário: não era permitida a emenda da mora se o locatário já houvesse utilizado essa faculdade por até duas vezes nos doze meses imediatamente anteriores à propositura da ação.

Com a nova redação do Parágrafo único, o locatário somente poderá utilizar-se da emenda da mora uma única vez em dois anos, portanto, ao receber uma citação e pretender efetuar a purga, será prudente, quando da conferência dos cálculos do locador, se observar erro à menor ou se já houver passado mais de um mês da data dos mesmos, efetuar a correção e a atualização para pagamento.

Por outro lado, nada impede de, observando que houve erro à maior, efetuar o pagamento devido, comprovando e justificando seus cálculos.

O legislador manteve os incisos V e VI. Ou seja, enquanto a ação não for julgada, deverá o inquilino efetuar o depósito dos aluguéis que forem vencendo, nos respectivos vencimentos.

Observamos, aqui, diante da alteração da redação do *caput* deste art. 62, que deve-se entender como "aluguéis" estes e seus acessórios. Ou seja, o locatário deverá manter-se em dia com todas as suas obrigações pactuadas com o locador.

- **CAPUT E LETRA "b" DO § 1º DO ARTIGO 63**

Redação antiga:

Art. 63. Julgada procedente a ação de despejo, o juiz fixará prazo de trinta dias para a desocupação voluntária, ressalvado o disposto nos parágrafos seguintes:

§ 1º. O prazo será de quinze dias se:

..

b) o despejo houver sido decretado com fundamento nos incisos II e III do art. 9º ou no § 2º do art. 46.

Nova redação:

Art. 63. Julgada procedente a ação de despejo, o juiz determinará a expedição de mandado de despejo, que conterá o prazo de 30 (trinta) dias para a desocupação voluntária, ressalvado o disposto nos parágrafos seguintes.

..

b) o despejo houver sido decretado com fundamento no art. 9º ou no § 2º do art. 46.

Comentário:

Sutil, mas de profunda transformação a alteração do *caput*. Até a presente data, julgada procedente a ação de despejo, na sentença o juiz fixava o prazo para a desocupação voluntária. No caso de o locatário não sair, o locador tinha de acionar o Juízo para informar sobre o não cumprimento da sentença e requerer a expedição de mandado de despejo, ou seja, após os 30 dias, o locatário ainda poderia permanecer no imóvel por mais alguns meses.

Com a nova redação, já na sentença o juiz expede o mandado de despejo, devendo o Oficial de Justiça formalizar a determinação judicial, sendo certo que, após o trigésimo dia, se o inquilino não sair espontaneamente, retornará para a efetivação do despejo.

Esses 30 dias se reduzem a 15 nos termos das letras do § 1º *a)* se entre a citação e a sentença de primeira instância houverem decorrido mais de quatro meses, ou *b)* o despejo houver sido decretado com fundamento no art. 9º. (*)

(*) Art. 9º. A locação também poderá ser desfeita:

I – por mútuo acordo;

II – em decorrência da prática de infração legal ou contratual;

III – em decorrência da falta de pagamento do aluguel e demais encargos;

IV – para a realização de reparações urgentes determinadas pelo Poder Público, que não possam ser normalmente executadas com a permanência do locatário no imóvel ou, podendo, ele se recuse a consenti-las.

Antericrmente só se previa essa redução para os incisos II e III ou no § 2º do art. 46. (**)

(**) Art. 46. Nas locações ajustadas por escrito e por prazo igual ou superior a trinta meses, a resolução do contrato ocorrerá findo o prazo estipulado, independentemente de notificação ou aviso. (...)

§ 2º. Ocorrendo a prorrogação, o locador poderá denunciar o contrato a qualquer tempo, concedido o prazo de trinta dias para desocupação.

Há que se observar, finalmente, que o legislador manteve os §§ 2º a 4º que deverão ser observados nos casos específicos.

- **CAPUT DO ARTIGO 64**

Redação antiga:

Art. 64. Salvo nas hipóteses das ações fundadas nos incisos I, II e IV do art. 9º, a execução provisória do despejo dependerá de caução não inferior a doze meses e nem superior a dezoito meses do aluguel, atualizado até a data do depósito da caução.

Nova redação:

Art. 64. Salvo nas hipóteses das ações fundadas no art. 9º, a execução provisória do despejo dependerá de caução não inferior a 6 (seis) meses nem superior a 12 (doze) meses do aluguel, atualizado até a data da prestação da caução.

Comentário:

Finalizando as alterações nos artigos do capítulo das Ações de Despejo (arts. 59 a 66), além do ajuste para englobar todas as hipóteses do art. 9º, no caso de isenção de caução, o legislador abaixou o valor da caução que o locador deve depositar para os casos de execução provisória de despejo.

- **CAPUT E INCISOS II A IV E ACRÉSCIMO DO INCISO V DO ARTIGO 68**

Redação antiga:

Art. 68. Na ação revisional de aluguel, que terá o rito sumaríssimo, observar-se-á o seguinte:

I – além dos requisitos exigidos pelos arts. 276 a 282 do Código de Processo Civil, a petição inicial deverá indicar o valor do aluguel cuja fixação é pretendida;

II – ao designar a audiência de instrução e julgamento, o juiz, se houver pedido e com base nos elementos fornecidos pelo autor ou nos que indicar, fixará aluguel provisório, não excedente a oitenta por cento do pedido, que será devido desde a citação;

III – sem prejuízo da contestação e até a audiência, o réu poderá pedir seja revisto o aluguel provisório, fornecendo os elementos para tanto;

IV – na audiência de instrução e julgamento, apresentada a contestação, que deverá conter contraproposta se houver discordância quanto ao valor pretendido, o juiz tentará a conciliação e, não sendo esta possível, suspenderá o ato para a realização de perícia, se necessária, designando, desde logo, audiência em continuação.

....

Nova redação:

Art. 68. *Na ação revisional de aluguel, que terá o rito sumário, observar-se-á o seguinte:*

....

II – ao designar a audiência de conciliação, o juiz, se houver pedido e com base nos elementos fornecidos tanto pelo locador como pelo locatário, ou nos que indicar, fixará aluguel provisório, que será devido desde a citação, nos seguintes moldes:

a) em ação proposta pelo locador, o aluguel provisório não poderá ser excedente a 80% (oitenta por cento) do pedido;

b) em ação proposta pelo locatário, o aluguel provisório não poderá ser inferior a 80% (oitenta por cento) do aluguel vigente;

....

IV – na audiência de conciliação, apresentada a contestação, que deverá conter contraproposta se houver discordância quanto ao valor pretendido, o juiz tentará a conciliação e, não sendo esta possível, determinará a realização de perícia, se necessária, designando, desde logo, audiência de instrução e julgamento;

V – o pedido de revisão previsto no inciso III deste artigo interrompe o prazo para interposição de recurso contra a decisão que fixar o aluguel provisório.

Comentário:

O legislador contemplou o locatário para também poder propor a ação revisional, sanando-se uma lacuna da lei, estabelecendo parâmetro para a fixação do aluguel provisório para ambos os lados (não poderá exceder 80% do pedido, se a ação for proposta pelo locador e não poderá ser inferior a 80% do aluguel vigente se a ação for proposta pelo locatário).

No caso de discordância na audiência de conciliação, nos termos da atual redação do inciso IV, não mais se suspenderá o ato, mas sim determinar-se-á a realização de perícia, designando, de imediato, a audiência de instrução e julgamento, proporcionando, assim, mais agilidade processual.

O inciso V acrescido pela Lei nº 12.112/2009 também vem de encontro com a celeridade processual. O pedido de revisão do aluguel provisório arbitrado, interrompe o prazo para interposição de recurso, ou seja, poder-se-á tentar a alteração do valor do aluguel provisório com pedido de reconsideração que poderá ser apreciado até mesmo na audiência de conciliação ou após, mas antes do julgamento.

- **INCISO V DO ARTIGO 71**

Redação Antiga:

Art. 71. Além dos demais requisitos exigidos no art. 282 do Código de Processo Civil, a petição inicial da ação renovatória deverá ser instruída com:

....

V – indicação de fiador quando houver no contrato a renovar e, quando não for o mesmo, com indicação do nome ou denominação completa, número de sua inscrição no Ministério da Economia, Fazenda e Planejamento, endereço e, tratando-se de pessoa natural, a nacionalidade, o estado civil, a profissão e o número da carteira de identidade, comprovando, em qualquer caso e desde logo, a idoneidade financeira;

Nova redação:

V – indicação do fiador quando houver no contrato a renovar e, quando não for o mesmo, com indicação do nome ou denominação completa, número de sua inscrição no Ministério da Fazenda, endereço e, tratando-se de pessoa natural, a nacionalidade, o estado civil, a profissão e o número da carteira de identidade, comprovando, desde logo, mesmo que não haja alteração do fiador, a atual idoneidade financeira;

Comentário:

Alteração para adequação da redação.

- *ARTIGO 74*

Redação Antiga:

Art. 74. Não sendo renovada a locação, o juiz fixará o prazo de até seis meses após o trânsito em julgado da sentença para desocupação, se houver pedido na contestação.

Nova redação:

Art. 74. Não sendo renovada a locação, o juiz determinará a expedição de mandado de despejo, que conterá o prazo de 30 (trinta) dias para a desocupação voluntária, se houver pedido na contestação.

Comentário:

Mais um ponto crucial para a celeridade e retorno da credibilidade do Poder Judiciário. O prazo para desocupação do imóvel em ação renovatória de aluguel que findou-se infrutífera, passa a ser de 30 (trinta) dias (e não mais seis meses), sendo certo, também, que na sentença já há a determinação para expedição do mandado de despejo (evitando-se ter o locador de acionar o juízo para informar da não desocupação voluntária para posterior expedição de mandado de despejo).

Parte Prática

MODELOS DE NOTIFICAÇÕES

01. NOTIFICAÇÃO DE LOCATÁRIO DE IMÓVEL – CONTRATO POR TEMPO INDETERMINADO – DENUNCIANDO A LOCAÇÃO

Ilmo. Sr.
ANTENOR PROPRIETÁRIO LOCADOR
Endereço: (...)

Assunto: Denúncia ao contrato de locação do imóvel de sua propriedade, sito na rua dos Alugueres nº 100, na cidade de Localópolis; objeto do contrato de locação firmado com MILITÃO INQUILINO LOCATÁRIO, com prazo indeterminado.

Prezado Senhor

      Venho por meio desta, mui respeitosamente, nos termos do *caput* do art. 6º da Lei nº 8.245, de 18 de outubro de 1991, informar que dentro em 30 (trinta) dias, na data do vencimento do próximo aluguel, concomitantemente ao pagamento, entregarei o imóvel por mim alugado de V.Sa. por contrato firmado em __/__/__, atualmente com prazo indeterminado, dando por encerrada a locação.

    Atenciosamente

    Localópolis, ___ de ___ de 2010.

    Militão Inquilino Locatário

Obs.: Modelo pode ser utilizado tanto para locação residencial como para a não residencial, sendo certo que para a locação não residencial o artigo da Lei é o 57.

02. NOTIFICAÇÃO DE LOCATÁRIO DE IMÓVEL – DENUNCIANDO A LOCAÇÃO EM CONTRATO POR TEMPO DETERMINADO

Ilmo. Sr.

ANTENOR PROPRIETÁRIO LOCADOR

Endereço: (...)

Assunto: Denúncia ao contrato de locação do imóvel de sua propriedade, sito na rua dos Alugueres nº 100, na cidade de Localópolis; objeto do contrato de locação firmado com MILITÃO INQUILINO LOCATÁRIO.

Período de vigência do contrato: 1º.2.2010 a 31.1.2011

Valor do aluguel: R$ 500,00 (quinhentos reais)

Multa contratual: 3 meses de aluguel

Data prevista para desocupação do imóvel: 30.6.2010

Prezado Senhor

Venho por meio desta, mui respeitosamente, nos termos do *caput* do art. 4º da Lei nº 8.245, de 18 de outubro de 1991, informar a desocupação do imóvel na data acima apontada. Diante da quebra contratual, quando da devolução das chaves, além do aluguel referente ao período de 01 a 30/06, a título de multa contratual pagarei a importância relativa a 8/12 da multa, qual seja 2 (dois) alugueres.

Atenciosamente

Localópolis, ___ de ___ de 2010.

Militão Inquilino Locatário

Obs.: *Modelo pode ser utilizado tanto para locação residencial como para a não residencial.*

03. NOTIFICAÇÃO DE ADQUIRENTE DE IMÓVEL – DENUNCIANDO A LOCAÇÃO

Ilmo. Sr.

MILITÃO INQUILINO LOCATÁRIO

Endereço: (...)

Assunto: Denúncia ao contrato de locação do imóvel, sito na rua dos Alugueres nº 100, na cidade de Localópolis; objeto do contrato de locação firmado com o anterior proprietário do imóvel, Sr. ANTENOR PROPRIETÁRIO LOCADOR.

Prezado Senhor

Venho por meio desta, mui respeitosamente, nos termos do *caput* do art. 8º da Lei nº 8.245, de 18 de outubro de 1991, informar que, conforme se comprova pela certidão de registro anexa (DOC. I), o imóvel locado a V.Sa. foi vendido há menos de 90 (noventa) dias, e, nos termos do § 2º do artigo já citado, não sendo de meu interesse a continuidade da locação, solicito a desocupação do imóvel dentro em 90 (noventa) dias a contar da data do recebimento da presente.

Atenciosamente

Localópolis, ___ de ___ de 2010.

Comprador Imobiliária Adquirindo

Obs.: Modelo pode ser utilizado tanto para locação residencial como para a não residencial.

04. NOTIFICAÇÃO DE SUB-ROGAÇÃO

Ilmo. Sr.
ANTENOR PROPRIETÁRIO LOCADOR
Endereço: (...)

c/ cópia ao Sr.
FULANO FIARO FIADOR
Endereço: (...)

Assunto: Contrato de locação do imóvel de sua propriedade, sito na rua dos Alugueres nº 100, na cidade de Localópolis; objeto do contrato de locação firmado com MILITÃO INQUILINO LOCATÁRIO.

Prezados Senhores

     Venho por meio desta, mui respeitosamente, nos termos do § 1º do art. 12 da Lei nº 8.245, de 18 de outubro de 1991, informar que o Sr. MILITÃO INQUILINO LOCATÁRIO faleceu no último dia __/__/__ (atestado de óbito anexo – DOC. I), sendo certo que esta que subscreve, sua esposa, agora viúva, Sra. LÍCIA VIRAGO LOCATÁRIO, portadora do CPF (...), RG (...), profissão (...), permaneço no imóvel e pretendo ali continuar até finalização do contrato.

    Atenciosamente

    Localópolis, ___ de ___ de 2010.

    Lícia Virago Locatário

Obs.: Este modelo pode ser utilizado nos casos previstos no caput do art. 12, bastando, apenas, alterar o motivo.

05. EXONERAÇÃO DE FIANÇA NOS TERMOS DO § 2º DO ART. 12 DA LEI Nº 8.245/1991

Ilmo. Sr.
ANTENOR PROPRIETÁRIO LOCADOR
Endereço: (...)

c/ cópia ao Sr.
LÍCIA VIRAGO LOCATÁRIO
Endereço: (...)

Assunto: Contrato de locação do imóvel de sua propriedade, sito na rua dos Alugueres nº 100, na cidade de Localópolis; objeto do contrato de locação firmado com MILITÃO INQUILINO LOCATÁRIO – EXONERAÇÃO DE FIANÇA
Referência: notificação de sub-rogação recebida em __/__/__

Prezados Senhores

    Venho por meio desta, mui respeitosamente, nos termos do § 2º do art. 12 da Lei nº 8.245, de 18 de outubro de 1991, dentro no prazo de 30 (trinta) dias do recebimento da notificação da sub-rogada sobre o falecimento do Sr. MILITÃO, informar que não mais desejo permanecer como FIADOR no contrato em questão, motivo da presente NOTIFICAÇÃO DE EXONERAÇÃO.

    Estou ciente de que minhas responsabilidades se encerrarão dentro em 120 dias da ciência do Sr. LOCADOR, ou a partir do momento que houver a formalização da substituição da garantia.

    Atenciosamente

    Localópolis, ___ de ___ de 2010.

    Fulano Fiaro Fiador

Obs.: Este modelo pode ser utilizado nos casos previstos no caput do art. 12, bastando, apenas, alterar o motivo.

06. NOTIFICAÇÃO DE VENDA – DIREITO DE PREFERÊNCIA

Ilmo. Sr.
MILITÃO INQUILINO LOCATÁRIO
Endereço: (...)

Assunto: Comunicação de venda do imóvel, sito na rua dos Alugueres nº 100, na cidade de Localópolis; objeto do contrato de locação firmado com ANTENOR PROPRIETÁRIO LOCADOR.

Prezado Senhor

Venho por meio desta, mui respeitosamente, nos termos do *caput* do art. 27 da Lei nº 8.245, de 18 de outubro de 1991, informar que o imóvel acima identificado foi colocado à venda pelo valor de R$ (...) (...).

O imóvel em questão encontra-se livre de qualquer ônus (sua documentação está à disposição para verificação junto ao proprietário), e será vendido pela melhor oferta (seja em valor ou em forma de pagamento).

Caso V.Sa. tenha interesse na aquisição do mesmo, solicito vossa manifestação no prazo de 30 (trinta) dias a contar da data do recebimento desta, conforme prescreve o art. 28 da Lei do Inquilinato; sendo certo que à sua falta, entender-se-á pelo seu total desinteresse.

Atenciosamente

Localópolis, ___ de ___ de 2010.

Antenor Proprietário Locador

Obs.: Modelo pode ser utilizado tanto para locação residencial como para a não residencial.

07. NOTIFICAÇÃO PARA SUBSTITUIÇÃO DE GARANTIA

Ilma. Sra.
LÍCIA VIRAGO LOCATÁRIO
Endereço: (...)

Assunto: *Contrato de locação do imóvel, sito na rua dos Alugueres nº 100, na cidade de Localópolis; objeto do contrato de locação firmado com ANTENOR PROPRIETÁRIO LOCADOR.*
Referência: *Exoneração do fiador Sr. FULANO FIARO FIADOR*

Prezada Senhora

      Tendo em vista a notificação de exoneração de fiança do Sr. FULANO FIARO FIADOR (cópia anexa, DOC.), é a presente para solicitar, nos termos do parágrafo único do art. 40 da Lei nº 8.245, de 19 de outubro de 1991, que Vossa Senhoria providencie, no prazo de 30 (trinta) dias, a contar do recebimento desta, NOVA GARANTIA para o contrato de locação em vigor, sob pena de ser considerado RESCINDIDO.

    Esclareço, ainda, que, caso não haja manifestação expressa de substituição da garantia ou de desocupação do imóvel dentro desse período, a ação de despejo será imediatamente proposta.

      Atenciosamente

      Localópolis, ___ de ___ de 2010.

      Antenor *Proprietário Locador*

Obs.: Esta notificação pode ser utilizada para todos os casos previstos no art. 40 da Lei do Inquilinato.

MODELOS DE PETIÇÕES

01. DESPEJO POR FALTA DE PAGAMENTO CUMULADA COM COBRANÇA

EXCELENTÍSSIMO SENHOR DOUTOR JUIZ DE DIREITO EM UMA DAS VARAS CÍVEIS NA COMARCA DE LOCALÓPOLIS

AÇÃO DE DESPEJO CUMULADA COM COBRANÇA

ANTENOR PROPRIETÁRIO LOCADOR, (qualificação e endereço), neste ato representado por seu advogado (procuração junta DOC. I), vem mui respeitosamente à presença de Vossa Excelência, requerer a presente AÇÃO DE DESPEJO cumulada com COBRANÇA DE ALUGUÉIS E ACESSÓRIOS em relação a MILITÃO INQUILINO LOCATÁRIO (qualificação e endereço) e seu fiador, FULANO FIARO FIADOR (qualificação e endereço), pelos fatos e fundamentos a seguir descritos.

O Requerente possui contrato de locação residencial (DOC. II) do imóvel de sua propriedade (matrícula DOC. III) sito na rua dos Alugueres nº 100, nesta cidade e comarca de Localópolis, nos seguintes termos:

Data de início: 10.2.2010

Data de término: 9.2.2013

Valor do aluguel: R$ 200,00 (duzentos reais)

Data de vencimento: dia 10

O Requerido está inadimplente desde 10.3.2010, sendo certo que se encontra em débito com as Companhias de Energia elétrica (DOC. IV) e de Água (DOC. V), bem como vem depredando o imóvel (vide fotos no laudo de vistoria datado de 5.2.2010 – DOC. VI); em comparação com as fotos recentes (DOCs. VII a XII) e orçamentos (DOCs. XIII a XV).

Diante do exposto é a presente para requerer se digne Vossa Excelência determinar a citação dos requeridos, por oficial de justiça, para a purga do débito discriminado na planilha anexa no total de R$ 2.157,76 (dois mil, cento e cinquenta e sete reais e setenta e seis centavos), posicionado para o dia 10.6.2010 e, na sua falta determinar o DESPEJO, nos termos do art. 63 da Lei nº 8.245/1991, do requerido MILITÃO INQUILINO LOCATÁRIO.

Na ocorrência do não pagamento, requer-se, nos termos do inciso VI do art. 62 da Lei nº 8.245/1991, que quando da análise dos autos para a determinação do despejo, imediatamente seja determinada a execução do valor ora apontado, acrescido dos alugueres supervenientes e devidas correções.

Protesta provar o alegado por todos os meios de prova em direito permitidos, inclusive depoimentos pessoais dos requeridos e oitiva de testemunhas a serem arroladas, e requer-se pela procedência do presente feito, condenando-se os requeridos ao pagamento da integralidade do débito.

Dá-se à presente o valor de R$ 2.400,00 (dois mil e quatrocentos reais).

(DOCs. XVI a XIX – comprovantes: recolhimento custas iniciais R$ 82,10, mandato – R$ 10,20 e duas diligências oficial de Justiça – R$ 30,26).

Nestes termos,

Pede e espera deferimento.

Localópolis, ___ de ___ de 2010.

Advogado

OAB/

Obs.: Alerta-se, tão somente, que os incisos acrescidos pela Lei 12.11.2009 somente poderão ser objeto deste tipo de ação de despejo para os contratos formalizados após a vigência da Lei, ou seja, 25 de janeiro de 2010.

PLANILHA DE CÁLCULO	
locador:	ANTENOR PROPRIETÁRIO LOCADOR
locatário:	MILITÃO INQUILINO LOCATÁRIO
fiador:	FULANO FINARO FIADOR
endereço do imóvel:	rua dos Alugueres nº 100

data da planilha:	24.5.2010
data do débito atualizado	10.6.2010

contrato	início: 10.2.2010	término: 9.2.2013

aluguel	R$ 200,00
condomínio	R$ ....
outros encargos	R$ ....
juros	1% a/m
multa	10%
honorários contratuais	20%

encargo	data vencimento	valor	valor atualizado
aluguel	10.3.2010	R$ 200,00	R$ 226,00
aluguel	10.4.2010	R$ 200,00	R$ 224,00
aluguel	10.5.2010	R$ 200,00	R$ 222,00
aluguel	10.6.2010	R$ 200,00	R$ 200,00
luz	10.5.2010	R$ 260,00	R$ 260,00
água	10.5.2010	R$ 64,00	R$ 64,00
vidros	estimado	R$ 500,00	R$ 500,00
		Subtotal	R$ 1.696,00
		honorários	R$ 339,20
		custas	R$ 122,56
		TOTAL	R$ 2.157,76

02. DESPEJO COM LIMINAR PREVISTA NO ART. 59 DA LEI

EXCELENTÍSSIMO SENHOR DOUTOR JUIZ DE DIREITO EM UMA DAS VARAS CÍVEIS NA COMARCA DE LOCALÓPOLIS

AÇÃO DE DESPEJO DE SUB-LOCATÁRIO

ANTENOR PROPRIETÁRIO LOCADOR, (qualificação e endereço), neste ato representado por seu advogado (procuração junta DOC. I), vem mui respeitosamente à presença de Vossa Excelência, requerer a presente AÇÃO DE DESPEJO, com liminar *inaudita altera pars* nos termos do inciso V do § 1º do art. 59 da Lei nº 8.245/1991, em relação a SEVERINO SUBLOCATÁRIO (qualificação e endereço completos), pelos fatos e fundamentos a seguir descritos.

O Requerente possuía contrato de locação residencial (DOC. II) do imóvel de sua propriedade (matrícula DOC. III) sito na rua dos Alugueres nº 100, nesta cidade e comarca de Localópolis, tendo como locatário o Sr. MILITÃO INQUILINO LOCATÁRIO (qualificação e endereço) e seu fiador, FULANO FIARO FIADOR (qualificação e endereço).

Conforme se pode observar pelo adendo ao contrato de locação, a sub-locação foi aceita pelo Requerente. Todavia, o contrato se findou em 30.11.2009 e até a presente data o sublocatário não desocupou o imóvel.

Exauridos os meios suasórios utilizados para a desocupação (duas notificações – DOCs. IV e V) além de vários contatos pessoais, é a presente para requerer se digne Vossa Excelência decretar o *DESPEJO IN LIMINE*.

Anexa-se à presente, comprovante de depósito em conta garantia de juízo, no valor de R$ (...) (...), referente a três meses do aluguel, em cumprimento à determinação legal – art. 59 da Lei nº 8.245/1991.

Por todo o exposto, após a concessão *in limine* do despejo, requer-se o regular processamento do presente, com a intimação do sub-locatário para responder aos termos da presente, para, ao final ver seu pedido confirmado em sentença final, restituindo-se o depósito em garantia e condenando a parte contrária ao pagamento das custas processuais, honorários advocatícios no importe de 20% (vinte por cento – conforme cláusula X do contrato) e os alugueres integrais devidos pelo tempo em que permaneceu no imóvel após o término do contrato.

Requerendo, ainda, provar o alegado por todos os meios de provas em direito admitidos, especialmente pelo depoimento pessoal do Requerido e testemunhas a serem arroladas, dá-se à presente o valor de R$ 2.400,00 (dois mil e quatrocentos reais) referente a 12 meses de aluguéis.

Nestes termos,

Pede e espera deferimento.

Localópolis, ___ de ___ de 2010.

Advogado

OAB/

Obs.: *O presente modelo pode ser utilizado para todos motivos elencados no § 1º do art. 59 da Lei do Inquilinato, alterando-se, logicamente, o motivo, enquadrando a peça ao inciso.*

Alerta-se, tão somente, que os incisos acrescidos pela Lei 12.11.2009 somente poderão ser objeto deste tipo de ação de despejo para os contratos formalizados após a vigência da Lei, ou seja, 25 de janeiro de 2010.

03. AÇÃO DE CONSIGNAÇÃO DE ALUGUEL

EXCELENTÍSSIMO SENHOR DOUTOR JUIZ DE DIREITO EM UMA DAS VARAS CÍVEIS NA COMARCA DE LOCALÓPOLIS

AÇÃO DE CONSIGNAÇÃO DE ALUGUEL

MILITÃO INQUILINO LOCATÁRIO, (qualificação e endereço), neste ato representado por seu advogado (procuração junta DOC. I), vem mui respeitosamente à presença de Vossa Excelência, propor a presente AÇÃO DE CONSIGNAÇÃO DE ALUGUEL, nos termos dos arts. 67 e seguintes da Lei nº 8.245/1991, em relação a ANTENOR PROPRIETÁRIO LOCADOR (qualificação e endereço completos), pelos fatos e fundamentos a seguir descritos.

O Requerente é locatário do requerido por meio do contrato de locação anexo (DOC. II) do imóvel sito na rua dos Alugueres nº 100, nesta cidade e comarca de Localópolis.

No contrato, firmado em 1º.11.2008, com término previsto para 30.10.2011, pactuou-se o aluguel mensal de R$ 500,00 (quinhentos reais), com reajuste anual pelos índices governamentais.

Conforme se pode observar pelas notificações anexas (DOCs. III a V), o locador, desrespeitando totalmente o avençado, exige o aluguel no valor de R$ 600,00 (seiscentos reais) a partir de 1º.11.2009 (com vencimento no dia 1º.12.2009).

Diante da irredutibilidade vivenciada, é a presente para requerer se digne Vossa Excelência acatar o presente pedido de consignação do valor efetivamente devido, qual seja, R$ 510,00 (quinhentos e dez reais), determinando a citação do Requerido para, querendo, contestar a presente.

Protestando provar o alegado por todos os meios de provas em direito admitidos, requer-se pela inteira procedência do pedido, com a consequente condenação do requerido ao pagamento das custas e honorários advocatícios no importe de 20% sobre o valor da ação.

Dá-se à presente o valor de R$ 6.120,00 (seis mil cento e vinte reais) referente a 12 meses de aluguéis.

Nestes termos,

Pede e espera deferimento.

Localópolis, ___ de ___ de 2010.

Advogado

OAB/

04. AÇÃO DE REVISÃO DE ALUGUEL

EXCELENTÍSSIMO SENHOR DOUTOR JUIZ DE DIREITO EM UMA DAS VARAS CÍVEIS NA COMARCA DE LOCALÓPOLIS

AÇÃO DE REVISÃO DE ALUGUEL

ANTENOR PROPRIETÁRIO LOCADOR, (qualificação e endereço), neste ato representado por seu advogado (procuração junta DOC. I), vem mui respeitosamente à presença de Vossa Excelência, propor a presente AÇÃO DE REVISÃO DE ALUGUEL, nos termos dos arts. 68 e seguintes da Lei nº 8.245/1991, em relação a MILITÃO INQUILINO LOCATÁRIO (qualificação e endereço completos), pelos fatos e fundamentos a seguir descritos.

O Requerente é proprietário (certidão de registro DOC. II) do imóvel sito na rua dos Alugueres nº 100, nesta cidade e comarca de Localópolis, tendo o mesmo locado ao requerido desde 1º.3.2004 (DOC. III).

Atualmente o valor do aluguel é de R$ 200,00 (duzentos reais).

Ocorre no entanto, que este não é o preço de mercado. Conforme se pode observar pelas avaliações anexas (DOCs. IV a VI), bem como pelos contratos atuais dos imóveis adjacentes (DOCs. VII a X) o valor de mercado é de R$ 300,00 (trezentos reais).

Assim, uma vez que amigavelmente não se chegou ao um acordo, é a presente para requerer se digne Vossa Excelência determinar a citação do Requerido para comparecer em audiência de conciliação e contestar a presente.

Caso V. Exa. entenda necessário, desde já requer-se seja designada perícia técnica para avaliação, bem como requer o depoimento pessoal do Requerido e das testemunhas abaixo arroladas.

Nos termos do inciso II do art. 68 da Lei. 8.245/1991, requer se digne V. Exa. fixe desde já o aluguel provisório, intimando o Requerido do valor.

Requer-se pela inteira procedência do pedido, com a consequente condenação do requerido ao pagamento das custas e honorários advocatícios no importe de 20% sobre o valor da ação.

Dá-se à presente o valor de R$ 3.600,00 (três mil e seiscentos reais).

Nestes termos,

Pede e espera deferimento.

Localópolis, ___ de ___ de 2010.

Advogado

OAB/

ROL DE TESTEMUNHAS

05. AÇÃO RENOVATÓRIA DE ALUGUEL

EXCELENTÍSSIMO SENHOR DOUTOR JUIZ DE DIREITO EM UMA DAS VARAS CÍVEIS NA COMARCA DE LOCALÓPOLIS

AÇÃO RENOVATÓRIA DE ALUGUEL

SEM PULGAS, CÃES E GATOS LTDA., com sede na (...) devidamente inscrita junto ao CNPJ sob nº (...) e Inscrição Estadual nº (...) por seu representante legal MILITÃO INQUILINO LOCATÁRIO, (qualificação e endereço), (certificado CNPJ, Inscrição Estadual e contrato DOCs. I a III) neste ato representado por seu advogado (procuração junta DOC. IV), vem mui respeitosamente à presença de Vossa Excelência, propor a presente AÇÃO RENOVATÓRIA DE ALUGUEL, nos termos dos arts. 71 e seguintes da Lei nº 8.245/1991, em relação a ANTENOR PROPRIETÁRIO LOCADOR (qualificação e endereço completos), pelos fatos e fundamentos a seguir descritos.

A Requerente é locatária do requerido por meio do contrato de locação anexo (DOC. V) do imóvel sito na rua dos Alugueres nº 100, nesta cidade e comarca de Localópolis, no qual possui sua sede desde o início da primeira locação, em 10.5.2004, empresa prestadora de serviços na limpeza e higienização de animais de estimação de pequeno porte, bem como venda de alimentos para animais (vide contratos de locações anteriores – DOCs. VI a IX).

Conforme dispõe o art. 71 da Lei do Inquilinato, a requerente possui os pré-requisitos necessários para a propositura da presente ação:

I – nos termos dos incisos I a III do art. 51:

a) conforme se pode verificar no DOC. III, a atual locação se finda em 9.5.2010;

b) a Requerente possui sua sede no local há mais de 5 anos (vide certificados e contrato social original, inalterado devidamente registrado na Junta de Comércio);

c) desde que instalada no imóvel explora o mesmo ramo de comércio;

II – a Requerente está em dia com todas as suas obrigações contratuais (vide recibos dos aluguéis, água, luz, IPTU, e documentos/fotos comprobatórios de que mantém o imóvel em perfeitas condições de uso – DOCs. X e ...);

III – o valor atual da locação é de R$ 300,00 (trezentos reais). Ciente de que está defazado, propõe reajuste para R$ 500,00 (quinhentos reais mensais) a partir de 10.5.2010, mantendo-se, no mais, todos os termos do atual contrato, sendo certo, ainda, que o atual fiador continua a comprometer-se, conforme declaração anexa (DOC. ...).

Uma vez que pretende permanecer no imóvel por pelo menos mais 5 anos, e diante do silêncio do Requerido em relação a nossa solicitação amigável para renovação da locação (vide notificação DOC. ...), é a presente para requerer se digne V. Exa. determinar a citação do Requerido para a presente ação.

Protestando provar o alegado por todos os meios de provas em direito admitidos, requer-se pela inteira procedência do pedido, com a consequente condenação do requerido ao pagamento das custas e honorários advocatícios no importe de 20% sobre o valor da ação.

Ad argumentantum tantum, no caso de o presente pedido não ser acato pela hipótese do inciso III do art. 72 da Lei do Inquilinato, nos termos do art. 75 requer-se desde já seja arbitrada indenização não inferior a R$ (...)

Dá-se à presente o valor de R$ 3.600,00 (três mil e seiscentos reais).

Nestes termos,

Pede e espera deferimento.

Localópolis, ___ de ___ de 2010.

Advogado

OAB/

Legislação

Legislação

LEI Nº 8.245, DE 18 DE OUTUBRO DE 1991

• *Já atualizada até a Lei nº 12.112/2009.*

Dispõe sobre as locações dos imóveis urbanos e os procedimentos a elas pertinentes

O Presidente da República,

Faço saber que o Congresso Nacional decreta e eu sanciono a seguinte lei:

TÍTULO I – DA LOCAÇÃO

Capítulo I – Disposições Gerais

Seção I – Da Locação em Geral

Art. 1º. A locação de imóvel urbano regula-se pelo disposto nesta lei:

Parágrafo único. Continuam regulados pelo Código Civil e pelas leis especiais:

a) as locações:

1. de imóveis de propriedade da União, dos Estados e dos Municípios, de suas autarquias e fundações públicas;

2. de vagas autônomas de garagem ou de espaços para estacionamento de veículos;

3. de espaços destinados à publicidade;

4. em apart-hotéis, hotéis-residência ou equiparados, assim considerados aqueles que prestam serviços regulares a seus usuários e como tais sejam autorizados a funcionar;

b) o arrendamento mercantil, em qualquer de suas modalidades.

Art. 2º. Havendo mais de um locador ou mais de um locatário, entende-se que são solidários se o contrário não se estipulou.

Parágrafo único. Os ocupantes de habitações coletivas multifamiliares presumem-se locatários ou sublocatários.

Art. 3º. O contrato de locação pode ser ajustado por qualquer prazo, dependendo de vênia conjugal, se igual ou superior a dez anos.

Parágrafo único. Ausente a vênia conjugal, o cônjuge não estará obrigado a observar o prazo excedente.

Art. 4º. Durante o prazo estipulado para a duração do contrato, não poderá o locador reaver o imóvel alugado. O locatário, todavia, poderá devolvê-lo, pagando a multa pactuada, proporcionalmente ao período de cumprimento do contrato, ou, na sua falta, a que for judicialmente estipulada.

- *Caput, com redação dada pela Lei nº 12.112, de 9.12.2009.*

Parágrafo único. O locatário ficará dispensado da multa se a devolução do imóvel decorrer de transferência, pelo seu empregador, privado ou público, para prestar serviços em localidades diversas daquela do início do contrato, e se notificar, por escrito, o locador com prazo de, no mínimo, trinta dias de antecedência.

Art. 5º. Seja qual for o fundamento do término da locação, a ação do locador para reaver o imóvel é a de despejo.

Parágrafo único. O disposto neste artigo não se aplica se a locação termina em decorrência de desapropriação, com a imissão do expropriante na posse do imóvel.

Art. 6º. O locatário poderá denunciar a locação por prazo indeterminado mediante aviso por escrito ao locador, com antecedência mínima de trinta dias.

Parágrafo único. Na ausência do aviso, o locador poderá exigir quantia correspondente a um mês de aluguel e encargos, vigentes quando da resilição.

Art. 7º. Nos casos de extinção de usufruto ou de fideicomisso, a locação celebrada pelo usufrutuário ou fiduciário poderá ser denunciada, com o prazo de trinta dias para a desocupação, salvo se tiver havido aquiescência escrita do nuproprietário ou do fideicomissário, ou se a propriedade estiver consolidada em mãos do usufrutuário ou do fiduciário.

Parágrafo único. A denúncia deverá ser exercitada no prazo de noventa dias contados da extinção do fideicomisso ou da averbação da extinção do usufruto, presumindo-se, após esse prazo, a concordância na manutenção da locação.

Art. 8º. Se o imóvel for alienado durante a locação, o adquirente poderá denunciar o contrato, com o prazo de noventa dias para a desocupação, salvo se a locação for por tempo determinado e o contrato contiver cláusula de vigência em caso de alienação e estiver averbado junto à matrícula do imóvel.

§ 1º. Idêntico direito terá o promissário comprador e o promissário cessionário, em caráter irrevogável, com imissão na posse do imóvel e título registrado junto à matrícula do mesmo.

§ 2º. A denúncia deverá ser exercitada no prazo de noventa dias contados do registro da venda ou do compromisso, presumindo-se, após esse prazo, a concordância na manutenção da locação.

Art. 9º. A locação também poderá ser desfeita:

I – por mútuo acordo;

II – em decorrência da prática de infração legal ou contratual;

III – em decorrência da falta de pagamento do aluguel e demais encargos;

IV – para a realização de reparações urgentes determinadas pelo Poder Público, que não possam ser normalmente executadas com a permanência do locatário no imóvel ou, podendo, ele se recuse a consenti-las.

Art. 10. Morrendo o locador, a locação transmite-se aos herdeiros.

Art. 11. Morrendo o locatário, ficarão sub-rogados nos seus direitos e obrigações:

I – nas locações com finalidade residencial, o cônjuge sobrevivente ou o companheiro e, sucessivamente, os herdeiros necessários e as pessoas que viviam na dependência econômica do *de cujus*, desde que residentes no imóvel;

II – nas locações com finalidade não residencial, o espólio e, se for o caso, seu sucessor no negócio.

Art. 12. Em casos de separação de fato, separação judicial, divórcio ou dissolução da união estável, a locação residencial prosseguirá automaticamente com o cônjuge ou companheiro que permanecer no imóvel.

• *Caput, com redação dada pela Lei nº 12.112, de 9.12.2009.*

§ 1º. Nas hipóteses previstas neste artigo e no art. 11, a sub-rogação será comunicada por escrito ao locador e ao fiador, se esta for a modalidade de garantia locatícia.

• *§ 1º com redação dada pela Lei nº 12.112, de 9.12.2009.*

§ 2º. O fiador poderá exonerar-se das suas responsabilidades no prazo de 30 (trinta) dias contado do recebimento da comunicação oferecida pelo sub-rogado, ficando responsável pelos efeitos da fiança durante 120 (cento e vinte) dias após a notificação ao locador.

• *§ 2º com redação dada pela Lei nº 12.112, de 9.12.2009.*

Art. 13. A cessão da locação, a sublocação e o empréstimo do imóvel, total ou parcialmente, dependem do consentimento prévio e escrito do locador.

§ 1º. Não se presume o consentimento pela simples demora do locador em manifestar formalmente a sua oposição.

§ 2º. Desde que notificado por escrito pelo locatário, de ocorrência de uma das hipóteses deste artigo, o locador terá o prazo de trinta dias para manifestar formalmente a sua oposição.

Seção II – Das sublocações

Art. 14. Aplicam-se às sublocações, no que couber, as disposições relativas às locações.

Art. 15. Rescindida ou finda a locação, qualquer que seja sua causa, resolvem-se as sublocações, assegurado o direito de indenização do sublocatário contra o sublocador.

Art. 16. O sublocatário responde subsidiariamente ao locador pela importância que dever ao sublocador, quando este for demandado e, ainda, pelos aluguéis que se vencerem durante a lide.

Seção III – Do aluguel

Art. 17. É livre a convenção do aluguel, vedada a sua estipulação em moeda estrangeira e a sua vinculação à variação cambial ou ao salário mínimo.

Parágrafo único. Nas locações residenciais serão observados os critérios de reajustes previstos na legislação específica.

Art. 18. É lícito às partes fixar, de comum acordo, novo valor para o aluguel, bem como inserir ou modificar cláusula de reajuste.

Art. 19. Não havendo acordo, o locador ou locatário, após três anos de vigência do contrato ou do acordo anteriormente realizado, poderão pedir revisão judicial do aluguel, a fim de ajustá-lo ao preço de mercado.

Art. 20. Salvo as hipóteses do art. 42 e da locação para temporada, o locador não poderá exigir o pagamento antecipado do aluguel.

Art. 21. O aluguel da sublocação não poderá exceder o da locação; nas habitações coletivas multifamiliares, a soma dos aluguéis não poderá ser superior ao dobro do valor da locação.

Parágrafo único. O descumprimento deste artigo autoriza o sublocatário a reduzir o aluguel até os limites nele estabelecidos.

Seção IV – Dos Deveres do Locador e do Locatário

Art. 22. O locador é obrigado a:

I – entregar ao locatário o imóvel alugado em estado de servir ao uso a que se destina;

II – garantir, durante o tempo da locação, o uso pacífico do imóvel locado;

III – manter, durante a locação, a forma e o destino do imóvel;

IV – responder pelos vícios ou defeitos anteriores à locação;

V – fornecer ao locatário, caso este solicite, descrição minuciosa do estado do imóvel, quando de sua entrega, com expressa referência aos eventuais defeitos existentes;

VI – fornecer ao locatário recibo discriminado das importâncias por este pagas, vedada a quitação genérica;

VII – pagar as taxas de administração imobiliária, se houver, e de intermediações, nestas compreendidas as despesas necessárias à aferição da idoneidade do pretendente ou de seu fiador;

VIII – pagar os impostos e taxas, e ainda o prêmio de seguro complementar contra fogo, que incidam ou venham a incidir sobre o imóvel, salvo disposição expressa em contrário no contrato;

IX – exibir ao locatário, quando solicitado, os comprovantes relativos às parcelas que estejam sendo exigidas;

X – pagar as despesas extraordinárias de condomínio.

Parágrafo único. Por despesas extraordinárias de condomínio se entendem aquelas que não se refiram aos gastos rotineiros de manutenção do edifício, especialmente:

a) obras de reformas ou acréscimos que interessem à estrutura integral do imóvel;

b) pintura das fachadas, empenas, poços de aeração e iluminação, bem como das esquadrias externas;

c) obras destinadas a repor as condições de habitabilidade do edifício;

d) indenizações trabalhistas e previdenciárias pela dispensa de empregados, ocorridas em data anterior ao início da locação;

e) instalação de equipamento de segurança e de incêndio, de telefonia, de intercomunicação, de esporte e de lazer;

f) despesas de decoração e paisagismo nas partes de uso comum;

g) constituição de fundo de reserva.

Art. 23. O locatário é obrigado a:

I – pagar pontualmente o aluguel e os encargos da locação, legal ou contratualmente exigíveis, no prazo estipulado ou, em sua falta, até o sexto dia útil do mês seguinte ao vencido, no imóvel locado, quando outro local não tiver sido indicado no contrato;

II – servir-se do imóvel para o uso convencionado ou presumido, compatível com a natureza deste e com o fim a que se destina, devendo tratá-lo com o mesmo cuidado como se fosse seu;

III – restituir o imóvel, finda a locação, no estado em que o recebeu, salvo as deteriorações decorrentes do seu uso normal;

IV – levar imediatamente ao conhecimento do locador o surgimento de qualquer dano ou defeito cuja reparação a este incumba, bem como as eventuais turbações de terceiros;

V – realizar a imediata reparação dos danos verificados no imóvel, ou nas suas instalações, provocadas por si, seus dependentes, familiares, visitantes ou prepostos;

VI – não modificar a forma interna ou externa do imóvel sem o consentimento prévio e por escrito do locador;

VII – entregar imediatamente ao locador os documentos de cobrança de tributos e encargos condominiais, bem como qualquer intimação, multa ou exigência de autoridade pública, ainda que dirigida a ele, locatário;

VIII – pagar as despesas de telefone e de consumo de força, luz e gás, água e esgoto;

IX – permitir a vistoria do imóvel pelo locador ou por seu mandatário, mediante combinação prévia de dia e hora, bem como admitir que seja o mesmo visitado e examinado por terceiros, na hipótese prevista no art. 27;

X – cumprir integralmente a convenção de condomínio e os regulamentos internos;

XI – pagar o prêmio do seguro de fiança;

XII – pagar as despesas ordinárias de condomínio.

§ 1º. Por despesas ordinárias de condomínio se entendem as necessárias à administração respectiva, especialmente:

a) salários, encargos trabalhistas, contribuições previdenciárias e sociais dos empregados do condomínio;

b) consumo de água e esgoto, gás, luz e força das áreas de uso comum;

c) limpeza, conservação e pintura das instalações e dependências de uso comum;

d) manutenção e conservação das instalações e equipamentos hidráulicos, elétricos, mecânicos e de segurança, de uso comum;

e) manutenção e conservação das instalações e equipamentos de uso comum destinados à prática de esportes e lazer;

f) manutenção e conservação de elevadores, porteiro eletrônico e antenas coletivas;

g) pequenos reparos nas dependências e instalações elétricas e hidráulicas de uso comum;

h) rateios de saldo devedor, salvo se referentes a período anterior ao início da locação;

i) reposição do fundo de reserva, total ou parcialmente utilizado no custeio ou complementação das despesas referidas nas alíneas anteriores, salvo se referentes a período anterior ao início da locação.

§ 2º. O locatário fica obrigado ao pagamento das despesas referidas no parágrafo anterior, desde que comprovadas a previsão orçamentária e o rateio mensal, podendo exigir a qualquer tempo a comprovação das mesmas.

§ 3º. No edifício constituído por unidades imobiliárias autônomas, de propriedade da mesma pessoa, os locatários ficam obrigados ao pagamento das despesas referidas no § 1º deste artigo, desde que comprovadas.

Art. 24. Nos imóveis utilizados como habitação coletiva multifamiliar, os locatários ou sublocatários poderão depositar judicialmente o aluguel e encargos se a construção for considerada em condições precárias pelo Poder Público.

§ 1º. O levantamento dos depósitos somente será deferido com a comunicação, pela autoridade pública, da regularização do imóvel.

§ 2º. Os locatários ou sublocatários que deixarem o imóvel estarão desobrigados do aluguel durante a execução das obras necessárias à regularização.

§ 3º. Os depósitos efetuados em juízo pelos locatários e sublocatários poderão ser levantados, mediante ordem judicial, para realização das obras ou serviços necessários à regularização do imóvel.

Art. 25. Atribuída ao locatário a responsabilidade pelo pagamento dos tributos, encargos e despesas ordinárias de condomínio, o locador poderá cobrar tais verbas juntamente com o aluguel do mês a que se refiram.

Parágrafo único. Se o locador antecipar os pagamentos, a ele pertencerão as vantagens daí advindas, salvo se o locatário reembolsá-lo integralmente.

Art. 26. Necessitando o imóvel de reparos urgentes, cuja realização incumba ao locador, o locatário é obrigado a consenti-los.

Parágrafo único. Se os reparos durarem mais de dez dias, o locatário terá direito ao abatimento do aluguel, proporcional ao período excedente; se mais de trinta dias, poderá resilir o contrato.

Seção V – Do Direito de Preferência

Art. 27. No caso de venda, promessa de venda, cessão ou promessa de cessão de direitos ou dação em pagamento, o locatário tem preferência para adquirir o imóvel locado, em igualdade de condições com terceiros, devendo o locador dar-lhe conhecimento do negócio mediante notificação judicial, extrajudicial ou outro meio de ciência inequívoca.

Parágrafo único. A comunicação deverá conter todas as condições do negócio e, em especial, o preço, a forma de pagamento, a existência de ônus reais, bem como o local e horário em que pode ser examinada a documentação pertinente.

Art. 28. O direito de preferência do locatário caducará se não manifestada, de maneira inequívoca, sua aceitação integral à proposta, no prazo de trinta dias.

Art. 29. Ocorrendo aceitação da proposta, pelo locatário, a posterior desistência do negócio pelo locador acarreta, a este, responsabilidade pelos prejuízos ocasionados, inclusive lucros cessantes.

Art. 30. Estando o imóvel sublocado em sua totalidade, caberá a preferência ao sublocatário e, em seguida, ao locatário. Se forem vários os sublocatários, a preferência caberá a todos, em comum, ou a qualquer deles, se um só for o interessado.

Parágrafo único. Havendo pluralidade de pretendentes, caberá a preferência ao locatário mais antigo, e, se da mesma data, ao mais idoso.

Art. 31. Em se tratando de alienação de mais de uma unidade imobiliária, o direito de preferência incidirá sobre a totalidade dos bens objeto da alienação.

Art. 32. O direito de preferência não alcança os casos de perda da propriedade ou venda por decisão judicial, permuta, doação, integralização de capital, cisão, fusão e incorporação.

Parágrafo único. Nos contratos firmados a partir de 1º de outubro de 2001, o direito de preferência de que trata este artigo não alcançará também os casos de constituição da propriedade fiduciária e de perda da propriedade ou venda por quaisquer formas de realização de garantia, inclusive mediante leilão extrajudicial, devendo essa condição constar expressamente em cláusula contratual específica, destacando-se das demais por sua apresentação gráfica.

- *Parágrafo único acrescido pela Lei nº 10.931, de 2.8.2004.*

Art. 33. O locatário preterido no seu direito de preferência poderá reclamar do alienante as perdas e danos ou, depositando o preço e demais despesas do ato de transferência, haver para si o imóvel locado, se o requerer no prazo de seis meses, a contar do registro do ato no cartório de imóveis, desde que o contrato de locação esteja averbado pelo menos trinta dias antes da alienação junto à matrícula do imóvel.

Parágrafo único. A averbação far-se-á à vista de qualquer das vias do contrato de locação desde que subscrito também por duas testemunhas.

Art. 34. Havendo condomínio no imóvel, a preferência do condômino terá prioridade sobre a do locatário.

Seção VI – Das Benfeitorias

Art. 35. Salvo expressa disposição contratual em contrário, as benfeitorias necessárias introduzidas pelo locatário, ainda que não autorizadas pelo locador, bem como as úteis, desde que autorizadas, serão indenizáveis e permitem o exercício do direito de retenção.

Art. 36. As benfeitorias voluptuárias não serão indenizáveis, podendo ser levantadas pelo locatário, finda a locação, desde que sua retirada não afete a estrutura e a substância do imóvel.

Seção VII – Das Garantias Locatícias

Art. 37. No contrato de locação, pode o locador exigir do locatário as seguintes modalidades de garantia:

I – caução;

II – fiança;

III – seguro de fiança locatícia.

IV – cessão fiduciária de quotas de fundo de investimento.

• *Inciso IV acrescido pelo art. 89 da Lei nº 11.196, de 11.11.2005.*

Parágrafo único. É vedada, sob pena de nulidade, mais de uma das modalidades de garantia num mesmo contrato de locação.

Art. 38. A caução poderá ser em bens móveis ou imóveis.

§ 1º. A caução em bens móveis deverá ser registrada em cartório de títulos e documentos; a em bens imóveis deverá ser averbada à margem da respectiva matrícula.

§ 2º. A caução em dinheiro, que não poderá exceder o equivalente a três meses de aluguel, será depositada em caderneta de poupança, autorizada, pelo Poder Público e por ele regulamentada, revertendo em benefício do locatário todas as vantagens dela decorrentes por ocasião do levantamento da soma respectiva.

§ 3º. A caução em títulos e ações deverá ser substituída, no prazo de trinta dias, em caso de concordata, falência ou liquidação das sociedades emissoras.

Art. 39. Salvo disposição contratual em contrário, qualquer das garantias da locação se estende até a efetiva devolução do imóvel, ainda que prorrogada a locação por prazo indeterminado, por força desta Lei.

• *Art. 39 com redação dada pela Lei nº 12.112, de 9.12.2009.*

Art. 40. O locador poderá exigir novo fiador ou a substituição da modalidade de garantia, nos seguintes casos:

I – morte do fiador;

II – ausência, interdição, recuperação judicial, falência ou insolvência do fiador, declaradas judicialmente;

• *Inciso II com redação dada pela Lei nº 12.112, de 9.12.2009.*

III – alienação ou gravação de todos os bens imóveis do fiador ou sua mudança de residência sem comunicação ao locador;

IV – exoneração do fiador;

V – prorrogação da locação por prazo indeterminado, sendo a fiança ajustada por prazo certo;

VI – desaparecimento dos bens móveis;

VII – desapropriação ou alienação do imóvel;

VIII – exoneração de garantia constituída por quotas de fundo de investimento;

• *Inciso VIII acrescido pelo art. 89 da Lei nº 11.196, de 11.11.2005.*

IX – liquidação ou encerramento do fundo de investimento de que trata o inciso IV do art. 37 desta Lei;
- *Inciso IX acrescido pelo art. 89 da Lei nº 11.196, de 11.11.2005.*

X – prorrogação da locação por prazo indeterminado uma vez notificado o locador pelo fiador de sua intenção de desoneração, ficando obrigado por todos os efeitos da fiança, durante 120 (cento e vinte) dias após a notificação ao locador.
- *Inciso X acrescido pela Lei nº 12.112, de 9.12.2009.*

Parágrafo único. O locador poderá notificar o locatário para apresentar nova garantia locatícia no prazo de 30 (trinta) dias, sob pena de desfazimento da locação.
- *Parágrafo único acrescido pela Lei nº 12.112, de 9.12.2009.*

Art. 41. O seguro de fiança locatícia abrangerá a totalidade das obrigações do locatário.

Art. 42. Não estando a locação garantida por qualquer das modalidades, o locador poderá exigir do locatário o pagamento do aluguel e encargos até o sexto dia útil do mês vincendo.

Seção VIII – Das Penalidades Criminais e Civis

Art. 43. Constitui contravenção penal, punível com prisão simples de cinco dias a seis meses ou multa de três a doze meses do valor do último aluguel atualizado, revertida em favor do locatário:

I – exigir, por motivo de locação ou sublocação, quantia ou valor além do aluguel e encargos permitidos;

II – exigir, por motivo de locação ou sublocação, mais de uma modalidade de garantia num mesmo contrato de locação;

III – cobrar antecipadamente o aluguel, salvo a hipótese do art. 42 e da locação para temporada.

Art. 44. Constitui crime de ação pública, punível com detenção de três meses a um ano, que poderá ser substituída pela prestação de serviços à comunidade:

I – recusar-se o locador ou sublocador, nas habitações coletivas multifamiliares, a fornecer recibo discriminado do aluguel e encargos;

II – deixar o retomante, dentro de cento e oitenta dias após a entrega do imóvel, no caso do inciso III do art. 47, de usá-lo para o fim declarado ou, usando-o, não o fizer pelo prazo mínimo de um ano;

III – não iniciar o proprietário, promissário comprador ou promissário cessionário, nos casos do inciso IV do art. 9º, inciso IV do art. 47, inciso I do art. 52 e inciso II do art. 53, a demolição ou a reparação do imóvel, dentro de sessenta dias contados de sua entrega;

IV – executar o despejo com inobservância do disposto no § 2º do art. 65.

Parágrafo único. Ocorrendo qualquer das hipóteses previstas neste artigo, poderá o prejudicado reclamar, em processo próprio, multa equivalente a um mínimo de doze e um máximo de vinte e quatro meses do valor do último aluguel atualizado ou do que esteja sendo cobrado do novo locatário, se realugado o imóvel.

Seção IX – Das Nulidades

Art. 45. São nulas de pleno direito as cláusulas do contrato de locação que visem a elidir os objetivos da presente lei, notadamente as que proíbam a prorrogação prevista no art. 47, ou que afastem o direito à renovação, na hipótese do art. 51, ou que imponham obrigações pecuniárias para tanto.

Capítulo II – Das Disposições Especiais

Seção I – Da Locação Residencial

Art. 46. Nas locações ajustadas por escrito e por prazo igual ou superior a trinta meses, a resolução do contrato ocorrerá findo o prazo estipulado, independentemente de notificação ou aviso.

§ 1º. Findo o prazo ajustado, se o locatário continuar na posse do imóvel alugado por mais de trinta dias sem oposição do locador, presumir-se-á prorrogada a locação por prazo indeterminado, mantidas as demais cláusulas e condições do contrato.

§ 2º. Ocorrendo a prorrogação, o locador poderá denunciar o contrato a qualquer tempo, concedido o prazo de trinta dias para desocupação.

Art. 47. Quando ajustada verbalmente ou por escrito e como prazo inferior a trinta meses, findo o prazo estabelecido, a locação prorroga-se automaticamente, por prazo indeterminado, somente podendo ser retomado o imóvel:

I – nos casos do art. 9º;

II – em decorrência de extinção do contrato de trabalho, se a ocupação do imóvel pelo locatário estiver relacionada com o seu emprego;

III – se for pedido para uso próprio, de seu cônjuge ou companheiro, ou para uso residencial de ascendente ou descendente que não disponha, assim como seu cônjuge ou companheiro, de imóvel residencial próprio;

IV – se for pedido para demolição e edificação licenciada ou para a realização de obras aprovadas pelo Poder Público, que aumentem a área construída, em, no mínimo, vinte por cento ou, se o imóvel for destinado a exploração de hotel ou pensão, em cinquenta por cento;

V – se a vigência ininterrupta da locação ultrapassar cinco anos.

§ 1º. Na hipótese do inciso III, a necessidade deverá ser judicialmente demonstrada, se:

a) o retomante, alegando necessidade de usar o imóvel, estiver ocupando, com a mesma finalidade, outro de sua propriedade situado na mesma localidade ou, residindo ou utilizando imóvel alheio, já tiver retomado o imóvel anteriormente;

b) o ascendente ou descendente, beneficiário da retomada, residir em imóvel próprio.

§ 2º. Nas hipóteses dos incisos III e IV, o retomante deverá comprovar ser proprietário, promissário comprador ou promissário cessionário, em caráter irrevogável, com imissão na posse do imóvel e título registrado junto à matrícula do mesmo.

Seção II – Da Locação para Temporada

Art. 48. Considera-se locação para temporada aquela destinada à residência temporária do locatário, para prática de lazer, realização de cursos, tratamento de saúde, feitura de obras em seu imóvel, e outros fatos que decorrem tão-somente de determinado tempo, e contratada por prazo não superior a noventa dias, esteja ou não mobiliado o imóvel.

Parágrafo único. No caso de a locação envolver imóvel mobiliado, constará do contrato, obrigatoriamente, a descrição dos móveis e utensílios que o guarnecem, bem como o estado em que se encontram.

Art. 49. O locador poderá receber de uma só vez e antecipadamente os aluguéis e encargos, bem como exigir qualquer das modalidades de garantia previstas no art. 37 para atender as demais obrigações do contrato.

Art. 50. Findo o prazo ajustado, se o locatário permanecer no imóvel sem oposição do locador por mais de trinta dias, presumir-se-á prorrogada a locação por tempo indeterminado, não mais sendo exigível o pagamento antecipado do aluguel e dos encargos.

Parágrafo único. Ocorrendo a prorrogação, o locador somente poderá denunciar o contrato após trinta meses de seu início ou nas hipóteses do art. 47.

Seção III – Da Locação Não Residencial

Art. 51. Nas locações de imóveis destinados ao comércio, o locatário terá direito a renovação do contrato, por igual prazo, desde que, cumulativamente:

I – o contrato a renovar tenha sido celebrado por escrito e com prazo determinado;

II – o prazo mínimo do contrato a renovar ou a soma dos prazos ininterruptos dos contratos escritos seja de cinco anos;

III – o locatário esteja explorando seu comércio, no mesmo ramo, pelo prazo mínimo e ininterrupto de três anos.

§ 1º. O direito assegurado neste artigo poderá ser exercido pelos cessionários ou sucessores da locação; no caso de sublocação total do imóvel, o direito a renovação somente poderá ser exercido pelo sublocatário.

§ 2º. Quando o contrato autorizar que o locatário utilize o imóvel para as atividades de sociedade de que faça parte e que a esta passe a pertencer o fundo de comércio, o direito a renovação poderá ser exercido pelo locatário ou pela sociedade.

§ 3º. Dissolvida a sociedade comercial por morte de um dos sócios, o sócio sobrevivente fica sub-rogado no direito a renovação, desde que continue no mesmo ramo.

§ 4º. O direito a renovação do contrato estende-se às locações celebradas por indústrias e sociedades civis com fim lucrativo, regularmente constituídas, desde que ocorrentes os pressupostos previstos neste artigo.

§ 5º. Do direito a renovação decai aquele que não propuser a ação no interregno de um ano, no máximo, até seis meses, no mínimo, anteriores à data da finalização do prazo do contrato em vigor.

Art. 52. O locador não estará obrigado a renovar o contrato se:

I – por determinação do Poder Público, tiver que realizar no imóvel obras que importarem na sua radical transformação; ou para fazer modificações de tal natureza que aumente o valor do negócio ou da propriedade;

II – o imóvel vier a ser utilizado por ele próprio ou para transferência de fundo de comércio existente há mais de um ano, sendo detentor da maioria do capital o locador, seu cônjuge, ascendente ou descendente.

§ 1º. Na hipótese do inciso II, o imóvel não poderá ser destinado ao uso do mesmo ramo do locatário, salvo se a locação também envolva o fundo de comércio, com as instalações e pertences.

§ 2º. Nas locações de espaço em *shopping centers*, o locador não poderá recusar a renovação do contrato com fundamento no inciso II deste artigo.

§ 3º. O locatário terá direito a indenização para ressarcimento dos prejuízos e dos lucros cessantes que tiver que arcar com mudança, perda do lugar e desvalorização do fundo de comércio, se a renovação não ocorrer em razão de proposta de terceiro, em melhores condições, ou se o locador, no prazo de três meses da entrega do imóvel, não der o destino alegado ou não iniciar as obras determinadas pelo Poder Público ou que declarou pretender realizar.

Art. 53. Nas locações de imóveis utilizados por hospitais, unidades sanitárias oficiais, asilos, estabelecimentos de saúde e de ensino autorizados e fiscalizados pelo Poder Público, bem como por entidades religiosas devidamente registradas, o contrato somente poderá ser rescindido:

• *Caput, com redação dada pela Lei nº 9.256, de 9.1.1996*

I – nas hipóteses do art. 9º;

II – se o proprietário, promissário comprador ou promissário cessionário, em caráter irrevogável e imitido na posse, com título registrado, que haja quitado o preço da promessa ou que, não o tendo feito, seja autorizado pelo proprietário, pedir o imóvel para demolição, edificação, licenciada ou reforma que venha a resultar em aumento mínimo de cinquenta por cento da área útil.

Art. 54. Nas relações entre lojistas e empreendedores de *shopping center*, prevalecerão as condições livremente pactuadas nos contratos de locação respectivos e as disposições procedimentais previstas nesta lei.

§ 1º. O empreendedor não poderá cobrar do locatário em *shopping center*:

a) as despesas referidas nas alíneas *a*, *b* e *d* do parágrafo único do art. 22; e

b) as despesas com obras ou substituições de equipamentos, que impliquem modificar o projeto ou o memorial descritivo da data do habite-se e obras de paisagismo nas partes de uso comum.

§ 2º. As despesas cobradas do locatário devem ser previstas em orçamento, salvo casos de urgência ou força maior, devidamente demonstradas, podendo o locatário, a cada sessenta dias, por si ou entidade de classe exigir a comprovação das mesmas.

Art. 55. Considera-se locação não residencial quando o locatário for pessoa jurídica e o imóvel, destinar-se ao uso de seus titulares, diretores, sócios, gerentes, executivos ou empregados.

Art. 56. Nos demais casos de locação não residencial, o contrato por prazo determinado cessa, de pleno direito, findo o prazo estipulado, independentemente de notificação ou aviso.

Parágrafo único. Findo o prazo estipulado, se o locatário permanecer no imóvel por mais de trinta dias sem oposição do locador, presumir-se-á prorrogada a locação nas condições ajustadas, mas sem prazo determinado.

Art. 57. O contrato de locação por prazo indeterminado pode ser denunciado por escrito, pelo locador, concedidos ao locatário trinta dias para a desocupação.

TÍTULO II – DOS PROCEDIMENTOS

Capítulo I – Das Disposições Gerais

Art. 58. Ressalvados os casos previstos no parágrafo único do art. 1º, nas ações de despejo, consignação em pagamento de aluguel e acessório da locação, revisionais de aluguel e renovatórias de locação, observar-se-á o seguinte:

I – os processos tramitam durante as férias forenses e não se suspendem pela superveniência delas;

II – é competente para conhecer e julgar tais ações o foro do lugar da situação do imóvel, salvo se outro houver sido eleito no contrato;

III – o valor da causa corresponderá a doze meses de aluguel, ou, na hipótese do inciso II do art. 47, a três salários vigentes por ocasião do ajuizamento;

IV – desde que autorizado no contrato, a citação, intimação ou notificação far-se-á mediante correspondência com aviso de recebimento, ou, tratando-se de pessoa jurídica ou firma individual, também mediante telex ou fac-símile, ou, ainda, sendo necessário, pelas demais formas previstas no Código de Processo Civil;

V – os recursos interpostos contra as sentenças terão efeito somente devolutivo.

Capítulo II – Das Ações de Despejo

Art. 59. Com as modificações constantes deste capítulo, as ações de despejo terão o rito ordinário.

§ 1º. Conceder-se-á liminar para desocupação em quinze dias, independentemente da audiência da parte contrária e desde que prestada a caução no valor equivalente a três meses de aluguel, nas ações que tiverem por fundamento exclusivo:

I – o descumprimento do mútuo acordo (art. 9º, inciso I), celebrado por escrito e assinado pelas partes e por duas testemunhas, no qual tenha sido ajustado o prazo mínimo de seis meses para desocupação, contado da assinatura do instrumento;

II – o disposto no inciso II do art. 47, havendo prova escrita da rescisão do contrato de trabalho ou sendo ela demonstrada em audiência prévia;

III – o término do prazo da locação para temporada, tendo sido proposta a ação de despejo em até trinta dias após o vencimento do contrato;

IV – a morte do locatário sem deixar sucessor legítimo na locação, de acordo com o referido no inciso I do art. 11, permanecendo no imóvel pessoas não autorizadas por lei;

V – a permanência do sublocatário no imóvel, extinta a locação, celebrada com o locatário;

VI – o disposto no inciso IV do art. 9º, havendo a necessidade de se produzir reparações urgentes no imóvel, determinadas pelo poder público, que não possam ser normalmente executadas com a permanência do locatário, ou, podendo, ele se recuse a consenti-las;

• *Inciso VI acrescido pela Lei nº 12.112, de 9.12.2009.*

VII – o término do prazo notificatório previsto no parágrafo único do art. 40, sem apresentação de nova garantia apta a manter a segurança inaugural do contrato;

• *Inciso VII acrescido pela Lei nº 12.112, de 9.12.2009.*

VIII – o término do prazo da locação não residencial, tendo sido proposta a ação em até 30 (trinta) dias do termo ou do cumprimento de notificação comunicando o intento de retomada;
- *Inciso VIII acrescido pela Lei nº 12.112, de 9.12.2009.*

IX – a falta de pagamento de aluguel e acessórios da locação no vencimento, estando o contrato desprovido de qualquer das garantias previstas no art. 37, por não ter sido contratada ou em caso de extinção ou pedido de exoneração dela, independentemente de motivo.
- *Inciso IX acrescido pela Lei nº 12.112, de 9.12.2009.*

§ 2º. Qualquer que seja o fundamento da ação dar-se-á ciência do pedido aos sublocatários, que poderão intervir no processo como assistentes.

§ 3º. No caso do inciso IX do § 1º deste artigo, poderá o locatário evitar a rescisão da locação e elidir a liminar de desocupação se, dentro dos 15 (quinze) dias concedidos para a desocupação do imóvel e independentemente de cálculo, efetuar depósito judicial que contemple a totalidade dos valores devidos, na forma prevista no inciso II do art. 62.
- *§ 3º acrescido pela Lei nº 12.112, de 9.12.2009.*

Art. 60. Nas ações de despejo fundadas no inciso IV do art. 9º, inciso IV do art. 47 e inciso II do art. 53, a petição inicial deverá ser instruída com prova da propriedade do imóvel ou do compromisso registrado.

Art. 61. Nas ações fundadas no § 2º do art. 46 e nos incisos III e IV do art. 47, se o locatário, no prazo da contestação, manifestar sua concordância com a desocupação do imóvel, o juiz acolherá o pedido fixando prazo de seis meses para a desocupação, contados da citação, impondo ao vencido a responsabilidade pelas custas e honorários advocatícios de vinte por cento sobre o valor dado à causa. Se a desocupação ocorrer dentro do prazo fixado, o réu ficará isento dessa responsabilidade; caso contrário, será expedido mandado de despejo.

Art. 62. Nas ações de despejo fundadas na falta de pagamento de aluguel e acessórios da locação, de aluguel provisório, de diferenças de aluguéis, ou somente de quaisquer dos acessórios da locação, observar-se-á o seguinte:
- *Caput, com redação dada pela Lei nº 12.112, de 9.12.2009.*

I – o pedido de rescisão da locação poderá ser cumulado com o pedido de cobrança dos aluguéis e acessórios da locação; nesta hipótese, citar-se-á o locatário para responder ao pedido de rescisão e o locatário e os fiadores para responderem ao pedido de cobrança, devendo ser apresentado, com a inicial, cálculo discriminado do valor do débito;
- *Inciso I com redação dada pela Lei nº 12.112, de 9.12.2009.*

II – o locatário e o fiador poderão evitar a rescisão da locação efetuando, no prazo de 15 (quinze) dias, contado da citação, o pagamento do débito atualizado, independentemente de cálculo e mediante depósito judicial, incluídos:
- *Inciso II, caput, com redação dada pela Lei nº 12.112, de 9.12.2009.*

a) os aluguéis e acessórios da locação que vencerem até a sua efetivação;

b) as multas ou penalidades contratuais, quando exigíveis;

c) os juros de mora;

d) as custas e os honorários do advogado do locador, fixados em dez por cento sobre o montante devido, se do contrato não constar disposição diversa;

III – efetuada a purga da mora, se o locador alegar que a oferta não é integral, justificando a diferença, o locatário poderá complementar o depósito no prazo de 10 (dez) dias, contado da intimação, que poderá ser dirigida ao locatário ou diretamente ao patrono deste, por carta ou publicação no órgão oficial, a requerimento do locador;

• *Inciso III com redação dada pela Lei nº 12.112, de 9.12.2009.*

IV – não sendo integralmente complementado o depósito, o pedido de rescisão prosseguirá pela diferença, podendo o locador levantar a quantia depositada;

• *Inciso IV com redação dada pela Lei nº 12.112, de 9.12.2009.*

V – os aluguéis que forem vencendo até a sentença deverão ser depositados à disposição do juízo, nos respectivos vencimentos, podendo o locador levantá-los desde que incontroversos;

VI – havendo cumulação dos pedidos de rescisão da locação e cobrança dos aluguéis, a execução desta pode ter início antes da desocupação do imóvel, caso ambos tenham sido acolhidos.

Parágrafo único. Não se admitirá a emenda da mora se o locatário já houver utilizado essa faculdade nos 24 (vinte e quatro) meses imediatamente anteriores à propositura da ação.

• *Parágrafo único com redação dada pela Lei nº 12.112, de 9.12.2009.*

Art. 63. Julgada procedente a ação de despejo, o juiz determinará a expedição de mandado de despejo, que conterá o prazo de 30 (trinta) dias para a desocupação voluntária, ressalvado o disposto nos parágrafos seguintes.

• *Caput, com redação dada pela Lei nº 12.112, de 9.12.2009.*

§ 1º. O prazo será de quinze dias se:

a) entre a citação e a sentença de primeira instância houverem decorrido mais de quatro meses; ou

b) o despejo houver sido decretado com fundamento no art. 9º ou no § 2º do art. 46.

• *Alínea "b" com redação dada pela Lei nº 12.112, de 9.12.2009.*

§ 2º. Tratando-se de estabelecimento de ensino autorizado e fiscalizado pelo Poder Público, respeitado o prazo mínimo de seis meses e o máximo de um ano, o juiz disporá de modo que a desocupação coincida com o período de férias escolares.

§ 3º. Tratando-se de hospitais, repartições públicas, unidades sanitárias oficiais, asilos, estabelecimentos de saúde e de ensino autorizados e fiscalizados pelo Poder Público, bem como por entidades religiosas devidamente registradas, e o despejo for decretado com fundamento no inciso IV do art. 9º ou no inciso II do art. 53, o prazo será de um ano, exceto no caso em que entre a citação e a sentença de primeira instância houver decorrido mais de um ano, hipótese em que o prazo será de seis meses.

- *§ 3º com redação dada pela Lei nº 9.256, de 9.1.1996.*

§ 4º. A sentença que decretar o despejo fixará o valor da caução para o caso de ser executada provisoriamente.

Art. 64. Salvo nas hipóteses das ações fundadas no art. 9º, a execução provisória do despejo dependerá de caução não inferior a 6 (seis) meses nem superior a 12 (doze) meses do aluguel, atualizado até a data da prestação da caução.

- *Caput, com redação dada pela Lei nº 12.112, de 9.12.2009.*

§ 1º. A caução poderá ser real ou fidejussória e será prestada nos autos da execução provisória.

§ 2º. Ocorrendo a reforma da sentença ou da decisão que concedeu liminarmente o despejo, o valor da caução reverterá em favor do réu, como indenização mínima das perdas e danos, podendo este reclamar, em ação própria, a diferença pelo que a exceder.

Art. 65. Findo o prazo assinado para a desocupação, contado da data da notificação, será efetuado o despejo, se necessário com emprego de força, inclusive arrombamento.

§ 1º. Os móveis e utensílios serão entregues à guarda de depositário, se não os quiser retirar o despejado.

§ 2º. O despejo não poderá ser executado até o trigésimo dia seguinte ao do falecimento do cônjuge, ascendente, descendente ou irmão de qualquer das pessoas que habitem o imóvel.

Art. 66. Quando o imóvel for abandonado após ajuizada a ação, o locador poderá imitir-se na posse do imóvel.

Capítulo III
Da Ação de Consignação de Aluguel e Acessórios da Locação

Art. 67. Na ação que objetivar o pagamento dos aluguéis e acessórios da locação mediante consignação, será observado o seguinte:

I – a petição inicial, além dos requisitos exigidos pelo art. 282 do Código de Processo Civil, deverá especificar os aluguéis e acessórios da locação com indicação dos respectivos valores;

II – determinada a citação do réu, o autor será intimado a, no prazo de vinte e quatro horas, efetuar o depósito judicial da importância indicada na petição inicial, sob pena de ser extinto o processo;

III – o pedido envolverá a quitação das obrigações que vencerem durante a tramitação do feito e até ser prolatada a sentença de primeira instância, devendo o autor promover os depósitos nos respectivos vencimentos;

IV – não sendo oferecida a contestação, ou se o locador receber os valores depositados, o juiz acolherá o pedido, declarando quitadas as obrigações, condenando o réu ao pagamento das custas e honorários de vinte por cento do valor dos depósitos;

V – a contestação do locador, além da defesa de direito que possa caber, ficará adstrita, quanto à matéria de fato, a:

a) não ter havido recusa ou mora em receber a quantia devida;

b) ter sido justa a recusa;

c) não ter sido efetuado o depósito no prazo ou no lugar do pagamento;

d) não ter sido o depósito integral;

VI – além de contestar, o réu poderá, em reconvenção, pedir o despejo e a cobrança dos valores objeto da consignatória ou da diferença do depósito inicial, na hipótese de ter sido alegado não ser o mesmo integral;

VII – o autor poderá complementar o depósito inicial, no prazo de cinco dias contados da ciência do oferecimento da resposta, com acréscimo de dez por cento sobre o valor da diferença. Se tal ocorrer, o juiz declarará quitadas as obrigações, elidindo a rescisão da locação, mas imporá ao autor-reconvindo a responsabilidade pelas custas e honorários advocatícios de vinte por cento sobre o valor dos depósitos;

VIII – havendo, na reconvenção, cumulação dos pedidos de rescisão da locação e cobrança dos valores objeto da consignatória, a execução desta somente poderá ter início após obtida a desocupação do imóvel, caso ambos tenham sido acolhidos.

Parágrafo único. O réu poderá levantar a qualquer momento as importâncias depositadas sobre as quais não penda controvérsia.

Capítulo IV – Da Ação Revisional de Aluguel

Art. 68. Na ação revisional de aluguel, que terá o rito sumário, observar-se-á o seguinte:

• *Caput, com redação dada pela Lei nº 12.112, de 9.12.2009.*

I – além dos requisitos exigidos pelos arts. 276 e 282 do Código de Processo Civil, a petição inicial deverá indicar o valor do aluguel cuja fixação é pretendida:

• *Código de Processo Civil:*

Art. 276. Na petição inicial, o autor apresentará o rol de testemunhas e, se requerer perícia, formulará quesitos, podendo indicar assistente técnico.

Art. 282. A petição inicial indicará:

I – o juiz ou tribunal, a que é dirigida;

II – os nomes, prenomes, estado civil, profissão, domicílio e residência do autor e do réu;

III – o fato e os fundamentos jurídicos do pedido;

IV – o pedido, com as suas especificações;

V – o valor da causa;

VI – as provas com que o autor pretende demonstrar a verdade dos fatos alegados;

VII – o requerimento para a citação do réu.

II – ao designar a audiência de conciliação, o juiz, se houver pedido e com base nos elementos fornecidos tanto pelo locador como pelo locatário, ou nos que indicar, fixará aluguel provisório, que será devido desde a citação, nos seguintes moldes:

- *Caput do inciso II com redação dada pela Lei nº 12.112, de 9.12.2009.*

a) em ação proposta pelo locador, o aluguel provisório não poderá ser excedente a 80% (oitenta por cento) do pedido;

- *Alínea "a" acrescida pela Lei nº 12.112, de 9.12.2009.*

b) em ação proposta pelo locatário, o aluguel provisório não poderá ser inferior a 80% (oitenta por cento) do aluguel vigente;

- *Alínea "b" acrescida pela Lei nº 12.112, de 9.12.2009.*

III – sem prejuízo da contestação e até a audiência, o réu poderá pedir seja revisto o aluguel provisório, fornecendo os elementos para tanto;

IV – na audiência de conciliação, apresentada a contestação, que deverá conter contraproposta se houver discordância quanto ao valor pretendido, o juiz tentará a conciliação e, não sendo esta possível, determinará a realização de perícia, se necessária, designando, desde logo, audiência de instrução e julgamento;

- *Inciso IV com redação dada pela Lei nº 12.112, de 9.12.2009.*

V – o pedido de revisão previsto no inciso III deste artigo interrompe o prazo para interposição de recurso contra a decisão que fixar o aluguel provisório.

- *Inciso V com redação dada pela Lei nº 12.112, de 9.12.2009.*

§ 1º. Não caberá ação revisional na pendência de prazo para desocupação do imóvel (arts. 46, § 2º e 57), ou quando tenha sido este estipulado amigável ou judicialmente.

§ 2º. No curso da ação de revisão, o aluguel provisório será reajustado na periodicidade pactuada ou na fixada em lei.

Art. 69. O aluguel fixado na sentença retroage à citação, e as diferenças devidas durante a ação de revisão, descontados os alugueres provisórios satisfeitos, serão pagas corrigidas, exigíveis a partir do trânsito em julgado da decisão que fixar o novo aluguel.

§ 1º. Se pedido pelo locador, ou sublocador, a sentença poderá estabelecer periodicidade de reajustamento do aluguel diversa daquela prevista no contrato revisando, bem como adotar outro indexador para reajustamento do aluguel.

§ 2º. A execução das diferenças será feita nos autos da ação de revisão.

Art. 70. Na ação de revisão do aluguel, o juiz poderá homologar acordo de desocupação, que será executado mediante expedição de mandado de despejo.

Capítulo V – Da Ação Renovatória

Art. 71. Além dos demais requisitos exigidos no art. 282 do Código de Processo Civil, a petição inicial da ação renovatória deverá ser instruída com:

• *Código de Processo Civil:*

Art. 282. A petição inicial indicará:

I – o juiz ou tribunal, a que é dirigida;

II – os nomes, prenomes, estado civil, profissão, domicílio e residência do autor e do réu;

III – o fato e os fundamentos jurídicos do pedido;

IV – o pedido, com as suas especificações;

V – o valor da causa;

VI – as provas com que o autor pretende demonstrar a verdade dos fatos alegados;

VII – o requerimento para a citação do réu.

I – prova do preenchimento dos requisitos dos incisos I, II e III do art. 51;

II – prova do exato cumprimento do contrato em curso;

III – prova da quitação dos impostos e taxas que incidiram sobre o imóvel e cujo pagamento lhe incumbia;

IV – indicação clara e precisa das condições oferecidas para a renovação da locação;

V – indicação do fiador quando houver no contrato a renovar e, quando não for o mesmo, com indicação do nome ou denominação completa, número de sua inscrição no Ministério da Fazenda, endereço e, tratando-se de pessoa natural, a nacionalidade, o estado civil, a profissão e o número da carteira de identidade, comprovando, desde logo, mesmo que não haja alteração do fiador, a atual idoneidade financeira;

• *Inciso V com redação dada pela Lei nº 12.112, de 9.12.2009.*

VI – prova de que o fiador do contrato ou o que o substituir na renovação aceita os encargos da fiança, autorizado por seu cônjuge, se casado for;

VII – prova, quando for o caso, de ser cessionário ou sucessor, em virtude de título oponível ao proprietário.

Parágrafo único. Proposta a ação pelo sublocatário do imóvel ou de parte dele, serão citados o sublocador e o locador, como litisconsortes, salvo se, em virtude de locação originária ou renovada, o sublocador dispuser de prazo que admita renovar a sublocação; na primeira hipótese, procedente a ação, o proprietário ficará diretamente obrigado à renovação.

Art. 72. A contestação do locador, além da defesa de direito que possa caber, ficará adstrita, quanto à matéria de fato, ao seguinte:

I – não preencher o autor os requisitos estabelecidos nesta lei;

II – não atender, a proposta do locatário, o valor locativo real do imóvel na época da renovação, excluída a valorização trazida por aquele ao ponto ou lugar;

III – ter proposta de terceiro para a locação, em condições melhores;

IV – não estar obrigado a renovar a locação (incisos I e II do art. 52).

§ 1º. No caso do inciso II, o locador deverá apresentar, em contraproposta, as condições de locação que repute compatíveis com o valor locativo real e atual do imóvel.

§ 2º. No caso do inciso III, o locador deverá juntar prova documental da proposta do terceiro, subscrita por este e por duas testemunhas, com clara indicação do ramo a ser explorado, que não poderá ser o mesmo do locatário. Nessa hipótese, o locatário poderá, em réplica, aceitar tais condições para obter a renovação pretendida.

§ 3º. No caso do inciso I do art. 52, a contestação deverá trazer prova da determinação do Poder Público ou relatório pormenorizado das obras a serem realizadas e da estimativa de valorização que sofrerá o imóvel, assinado por engenheiro devidamente habilitado.

§ 4º. Na contestação, o locador, ou sublocador, poderá pedir, ainda, a fixação de aluguel provisório, para vigorar a partir do primeiro mês do prazo do contrato a ser renovado, não excedente a oitenta por cento do pedido, desde que apresentados elementos hábeis para aferição do justo valor do aluguel.

§ 5º. Se pedido pelo locador, ou sublocador, a sentença poderá estabelecer periodicidade de reajustamento do aluguel diversa daquela prevista no contrato renovando, bem como adotar outro indexador para reajustamento do aluguel.

Art. 73. Renovada a locação, as diferenças dos aluguéis vencidos serão executadas nos próprios autos da ação e pagas de uma só vez.

Art. 74. Não sendo renovada a locação, o juiz determinará a expedição de mandado de despejo, que conterá o prazo de 30 (trinta) dias para a desocupação voluntária, se houver pedido na contestação.

- *Art. 74 com redação dada pela Lei nº 12.112, de 9.12.2009.*

Art. 75. Na hipótese do inciso III do art. 72, a sentença fixará desde logo a indenização devida ao locatário em consequência da não prorrogação da locação, solidariamente devida pelo locador e o proponente.

TÍTULO III – DAS DISPOSIÇÕES FINAIS E TRANSITÓRIAS

Art. 76. Não se aplicam as disposições desta lei aos processos em curso.

Art. 77. Todas as locações residenciais que tenham sido celebradas anteriormente à vigência desta lei serão automaticamente prorrogadas por tempo indeterminado, ao término do prazo ajustado no contrato.

Art. 78. As locações residenciais que tenham sido celebradas anteriormente à vigência desta lei e que já vigorem ou venham a vigorar por prazo indeterminado, poderão ser denunciadas pelo locador, concedido o prazo de doze meses para a desocupação.

Parágrafo único. Na hipótese de ter havido revisão judicial ou amigável do aluguel, atingindo o preço do mercado, a denúncia somente poderá ser exercitada após vinte e quatro meses da data da revisão, se esta ocorreu nos doze meses anteriores à data da vigência desta lei.

Art. 79. No que for omissa esta lei aplicam-se as normas do Código Civil e do Código de Processo Civil.

Art. 80. Para os fins do inciso I do art. 98 da Constituição Federal, as ações de despejo poderão ser consideradas como causas cíveis de menor complexidade.

Art. 81. O inciso II do art. 167 e o art. 169 da Lei nº 6.015, de 31 de dezembro de 1973, passam a vigorar com as seguintes alterações:

"*Art. 167. (...)*

II – (...)

16) do contrato de locação, para os fins de exercício de direito de preferência."

"*Art. 169. (...)*

III – o registro previsto no nº 3 do inciso I do art. 167, e a averbação prevista no nº 16 do inciso II do art. 167 serão efetuados no cartório onde o imóvel esteja matriculado mediante apresentação de qualquer das vias do contrato, assinado pelas partes e subscrito por duas testemunhas, bastando a coincidência entre o nome de um dos proprietários e o locador."

Art. 82. O art. 3º da Lei nº 8.009, de 29 de março de 1990, passa a vigorar acrescido do seguinte inciso VII:

"*Art. 3º. (...)*

VII - por obrigação decorrente de fiança concedida em contrato de locação."

Art. 83. Ao art. 24 da Lei nº 4.591, de 16 de dezembro de 1964 fica acrescido o seguinte § 4º:

"*Art. 24. (...)*

§ 4º. Nas decisões da assembleia que envolvam despesas ordinárias do condomínio, o locatário poderá votar, caso o condômino locador a ela não compareça."

Art. 84. Reputam-se válidos os registros dos contratos de locação de imóveis, realizados até a data da vigência desta lei.

Art. 85. Nas locações residenciais, é livre a convenção do aluguel quanto a preço, periodicidade e indexador de reajustamento, vedada a vinculação à variação do salário mínimo, variação cambial e moeda estrangeira:

I – dos imóveis novos, com habite-se concedido a partir da entrada em vigor desta lei;

II – dos demais imóveis não enquadrados no inciso anterior, em relação aos contratos celebrados, após cinco anos de entrada em vigor desta lei.

Art. 86. O art. 8º da Lei nº 4.380, de 21 de agosto de 1964 passa a vigorar com a seguinte redação:

"Art. 8º. O sistema financeiro da habitação, destinado a facilitar e promover a construção e a aquisição da casa própria ou moradia, especialmente pelas classes de menor renda da população, será integrado."

Art. 87. (Vetado).

Art. 88. (Vetado).

Art. 89. Esta lei entrará em vigor sessenta dias após a sua publicação.

Art. 90. Revogam-se as disposições em contrário, especialmente:

I – o Decreto nº 24.150, de 20 de abril de 1934;

II – a Lei nº 6.239, de 19 de setembro de 1975;

III – a Lei nº 6.649, de 16 de maio de 1979;

IV – a Lei nº 6.698, de 15 de outubro de 1979;

V – a Lei nº 7.355, de 31 de agosto de 1985;

VI – a Lei nº 7.538, de 24 de setembro de 1986;

VII – a Lei nº 7.612, de 9 de julho de 1987; e

VIII – a Lei nº 8.157, de 3 de janeiro de 1991.

Brasília, 18 de outubro de 1991; 170º da Independência e 103º da República.

Fernando Collor

Jarbas Passarinho

DOU de 21.10.1991

Anexos

Anexos

MENSAGENS DE VETO E LEIS ALTERADORAS DA LEI DO INQUILINATO

MENSAGEM DE VETO DA LEI Nº 8.245, DE 18.10.1991

Mensagem nº 565

Excelentíssimo Senhor Presidente do Senado Federal:

Tenho a honra de comunicar a Vossa Excelência que, nos termos do § 1º do art. 66 da Constituição Federal, resolvi vetar parcialmente o Projeto de Lei nº 912, de 1991 (nº 52/91 no Senado Federal), que "Dispõe sobre as locações dos imóveis urbanos e os procedimentos a elas pertinentes".

Os dispositivos ora vetados, porque contrários ao interesse público, são os seguintes:

Art. 87

"Art. 87. O governo Federal poderá isentar do imposto de renda o lucro apurado na alienação de imóveis por pessoa física, desde que esse lucro seja aplicado na aquisição ou construção de outro imóvel residencial, no prazo de um ano, a contar da data da alienação.

Parágrafo Único. O disposto neste artigo estende-se aos casos em que o alienante aplique o valor do lucro imobiliário na aquisição de imóvel residencial para parente até 2º grau, desde que o donatário, na data da aquisição, não possua imóvel da mesma espécie."

Razões do veto

É evidente que a sanção deste artigo abriria uma porta ampla para a ruptura da pretendida isonomia tributária, pois, na forma como foi redigido, uma pessoa que se dedicasse à compra e venda de imóveis estaria isenta de tributação pelo Imposto de Renda, enquanto uma pessoa jurídica do ramo contribuiria para os cofres da União.

De resto, detentores de outros ganhos de capital tenderiam a requerer tratamento isonômico, comprometendo o processo de redução de incentivos fiscais e de saneamento das contas públicas.

Por isso, impõe-se o veto.

Art. 88

"Art. 88. O governo Federal poderá dispor que os pagamentos efetuados a título de aluguel sejam deduzidos na declaração de imposto de renda até o seu limite máximo."

Razões do veto

Importante simplificação do Imposto de Renda da Pessoa Física foi a eliminação dos abatimentos, que redundou em tornar mais prática e menos custosa a aplicação do imposto. A reintrodução do abatimento dos aluguéis constituiria, portanto, ostensivo retrocesso, além de se patentear inoportuna, dado o delicado momento por que passam as finanças públicas, a ponto de levar o Governo Federal a rever diversos incentivos tributários anteriormente concedidos.

Estas, Senhor Presidente, as razões que me levaram a vetar em parte o projeto em causa, as quais ora submeto à elevada apreciação dos Senhores Membros do Congresso Nacional.

Brasília, em 18 de outubro de 1991.

DOU de 21.10.1991

LEI Nº 9.256, DE 9 DE JANEIRO DE 1996

Altera o caput do art. 53 e o § 3º do art. 63 da Lei nº 8.245, de 18 de outubro de 1991, que dispõe sobre as locações dos imóveis urbanos e os procedimentos a elas pertinentes.

O Presidente da República,

Faço saber que o Congresso Nacional decreta e eu sanciono a seguinte Lei:

Art. 1º. O *caput* do art. 53 e o § 3º do art. 63 da Lei nº 8.245, de 18 de outubro de 1991, passam a ter a seguinte redação:

• *Alterações já efetuadas no corpo da Lei.*

"Art. 53. Nas locações de imóveis utilizados por hospitais, unidades sanitárias oficiais, asilos, estabelecimentos de saúde e de ensino autorizados e fiscalizados pelo Poder Público, bem como por entidades religiosas devidamente registradas, o contrato somente poderá ser rescindido.

Art. 63. ....
....

§ 3º. *Tratando-se de hospitais, repartições públicas, unidades sanitárias oficiais, asilos, estabelecimentos de saúde e de ensino autorizados e fiscalizados pelo Poder Público, bem como por entidades religiosas devidamente registradas, e o despejo for decretado com fundamento no inciso IV do art. 9º ou no inciso II do art. 53, o prazo será de um ano, exceto no caso em que entre a citação e a sentença de primeira instância houver decorrido mais de um ano, hipótese em que o prazo será de seis meses."*

Art. 2º. Esta Lei entra em vigor na data de sua publicação.

Art. 3º. Revogam-se as disposições em contrário.

Brasília, 9 de janeiro de 1996; 175º da Independência e 108º da República.

Fernando Henrique Cardoso
Nelson A. Jobim
DOU de 10.1.1996

LEI Nº 10.931, DE 2 DE AGOSTO DE 2004

Dispõe sobre o patrimônio de afetação de incorporações imobiliárias, Letra de Crédito Imobiliário, Cédula de Crédito Imobiliário, Cédula de Crédito Bancário, altera o Decreto-Lei nº 911, de 1º de outubro de 1969, as Leis nº 4.591, de 16 de dezembro de 1964, no 4.728, de 14 de julho de 1965, e nº 10.406, de 10 de janeiro de 2002, e dá outras providências.

O Presidente da República,

Faço saber que o Congresso Nacional decreta e eu sanciono a seguinte Lei:

....

Art. 61. A Lei nº 8.245, de 18 de outubro de 1991, passa a vigorar com as seguintes alterações:

• *Alterações já efetuadas no corpo da Lei.*

"Art. 32. ....

Parágrafo único. Nos contratos firmados a partir de 1º de outubro de 2001, o direito de preferência de que trata este artigo não alcançará também os casos de constituição da propriedade fiduciária e de perda da propriedade ou venda por quaisquer formas de realização de garantia, inclusive mediante leilão extrajudicial, devendo essa condição constar expressamente em cláusula contratual específica, destacando-se das demais por sua apresentação gráfica." (NR)

"Art. 39. (Vetado)"

Brasília, 2 de agosto de 2004; 183º da Independência e 116º da República.
Luiz Inácio Lula da Silva
DOU de 3.8.2004

LEI Nº 11.196, DE 21 DE NOVEMBRO DE 2005

Institui o Regime Especial de Tributação para a Plataforma de Exportação de Serviços de Tecnologia da Informação – REPES, o Regime Especial de Aquisição de Bens de Capital para Empresas Exportadoras – RECAP e o Programa de Inclusão Digital; dispõe sobre incentivos fiscais para a inovação tecnológica; altera o Decreto-Lei nº 288, de 28 de fevereiro de 1967, o Decreto nº 70.235, de 6 de março de 1972, o Decreto-Lei nº 2.287, de 23 de julho de 1986, as Leis nºs 4.502, de 30 de novembro de 1964, 8.212, de 24 de julho de 1991, 8.245, de 18 de outubro de 1991, 8.387, de 30 de dezembro de 1991, 8.666, de 21 de junho de 1993, 8.981, de 20 de janeiro de 1995, 8.987, de 13 de fevereiro de 1995, 8.989, de 24 de fevereiro de 1995, 9.249, de 26 de dezembro de 1995, 9.250, de 26 de dezembro de 1995, 9.311, de 24 de outubro de 1996, 9.317, de 5 de dezembro de 1996, 9.430, de 27 de dezembro de 1996, 9.718, de 27 de novembro de 1998, 10.336, de 19 de dezembro de 2001, 10.438, de 26 de abril de 2002, 10.485, de 3 de julho de 2002, 10.637, de 30 de dezembro de 2002, 10.755, de 3 de novembro de 2003, 10.833, de 29 de dezembro de 2003, 10.865, de 30 de abril de 2004, 10.925, de 23 de julho de 2004, 10.931, de 2 de agosto de 2004, 11.033, de 21 de dezembro de 2004, 11.051, de 29 de dezembro de 2004, 11.053, de 29 de dezembro de 2004, 11.101, de 9 de fevereiro de 2005, 11.128, de 28 de junho de 2005, e a Medida Provisória nº 2.199-14, de 24 de agosto de 2001; revoga a Lei nº 8.661, de 2 de junho de 1993, e dispositivos das Leis nos 8.668, de 25 de junho de 1993, 8.981, de 20 de janeiro de 1995, 10.637, de 30 de dezembro de 2002, 10.755, de 3 de novembro de 2003, 10.865, de 30 de abril de 2004, 10.931, de 2 de agosto de 2004, e da Medida Provisória nº 2.158-35, de 24 de agosto de 2001; e dá outras providências.

O Presidente da República,

Faço saber que o Congresso Nacional decreta e eu sanciono a seguinte Lei:

....

Art. 89. Os arts. 37 e 40 da Lei nº 8.245, de 18 de outubro de 1991, passam a vigorar acrescidos dos seguintes incisos: (Vigência)

- *Alterações já efetuadas no corpo da Lei.*

"Art. 37. ....
....
IV – cessão fiduciária de quotas de fundo de investimento.
...." (NR)

"Art. 40. ....
....
VIII – exoneração de garantia constituída por quotas de fundo de investimento;
IX – liquidação ou encerramento do fundo de investimento de que trata o inciso IV do art. 37 desta Lei." (NR)

....
Brasília, 21 de novembro de 2005; 184º da Independência e 117º da República.
Luiz Inácio Lula da Silva
DOU de 22.11.2005

LEI Nº 12.112 DE 9 DE DEZEMBRO DE 2009

Altera a Lei nº 8.245, de 18 de outubro de 1991, para aperfeiçoar as regras e procedimentos sobre locação de imóvel urbano.

O Presidente da República,

Faço saber que o Congresso Nacional decreta e eu sanciono a seguinte Lei:

Art. 1º. Esta Lei introduz alteração na Lei nº 8.245, de 18 de outubro de 1991, que dispõe sobre as locações de imóveis urbanos.

Art. 2º. A Lei nº 8.245, de 18 de outubro de 1991, passa a vigorar com as seguintes alterações:

• *Alterações já efetuadas no corpo da Lei.*

"*Art. 4º.* Durante o prazo estipulado para a duração do contrato, não poderá o locador reaver o imóvel alugado. O locatário, todavia, poderá devolvê-lo, pagando a multa pactuada, proporcionalmente ao período de cumprimento do contrato, ou, na sua falta, a que for judicialmente estipulada.
...." (NR)

"*Art. 12.* Em casos de separação de fato, separação judicial, divórcio ou dissolução da união estável, a locação residencial prosseguirá automaticamente com o cônjuge ou companheiro que permanecer no imóvel.

§ *1º. Nas hipóteses previstas neste artigo e no art. 11, a sub-rogação será comunicada por escrito ao locador e ao fiador, se esta for a modalidade de garantia locatícia.*

§ *2º. O fiador poderá exonerar-se das suas responsabilidades no prazo de 30 (trinta) dias contado do recebimento da comunicação oferecida pelo sub-rogado, ficando responsável pelos efeitos da fiança durante 120 (cento e vinte) dias após a notificação ao locador."* (NR)

"Art. 13. ....
....

§ *3º. (Vetado)."*

"Art. 39. *Salvo disposição contratual em contrário, qualquer das garantias da locação se estende até a efetiva devolução do imóvel, ainda que prorrogada a locação por prazo indeterminado, por força desta Lei."* (NR)

"Art. 40. ....
....

II – ausência, interdição, recuperação judicial, falência ou insolvência do fiador, declaradas judicialmente;

....

X – prorrogação da locação por prazo indeterminado uma vez notificado o locador pelo fiador de sua intenção de desoneração, ficando obrigado por todos os efeitos da fiança, durante 120 (cento e vinte) dias após a notificação ao locador.

Parágrafo único. O locador poderá notificar o locatário para apresentar nova garantia locatícia no prazo de 30 (trinta) dias, sob pena de desfazimento da locação." (NR)

"Art. 52. ....
....

§ *3º. (Vetado).*

"Art. 59. ....

§ *1º.* ....
....

VI – o disposto no inciso IV do art. 9º, havendo a necessidade de se produzir reparações urgentes no imóvel, determinadas pelo poder público, que não possam ser normalmente executadas com a permanência do locatário, ou, podendo, ele se recuse a consenti-las;

VII – o término do prazo notificatório previsto no parágrafo único do art. 40, sem apresentação de nova garantia apta a manter a segurança inaugural do contrato;

VIII – o término do prazo da locação não residencial, tendo sido proposta a ação em até 30 (trinta) dias do termo ou do cumprimento de notificação comunicando o intento de retomada;

IX – a falta de pagamento de aluguel e acessórios da locação no vencimento, estando o contrato desprovido de qualquer das garantias previstas no art. 37, por não ter sido contratada ou em caso de extinção ou pedido de exoneração dela, independentemente de motivo.

§ 3º. No caso do inciso IX do § 1º deste artigo, poderá o locatário evitar a rescisão da locação e elidir a liminar de desocupação se, dentro dos 15 (quinze) dias concedidos para a desocupação do imóvel e independentemente de cálculo, efetuar depósito judicial que contemple a totalidade dos valores devidos, na forma prevista no inciso II do art. 62." (NR)

"**Art. 62.** *Nas ações de despejo fundadas na falta de pagamento de aluguel e acessórios da locação, de aluguel provisório, de diferenças de aluguéis, ou somente de quaisquer dos acessórios da locação, observar-se-á o seguinte:*

I – o pedido de rescisão da locação poderá ser cumulado com o pedido de cobrança dos aluguéis e acessórios da locação; nesta hipótese, citar-se-á o locatário para responder ao pedido de rescisão e o locatário e os fiadores para responderem ao pedido de cobrança, devendo ser apresentado, com a inicial, cálculo discriminado do valor do débito;

II – o locatário e o fiador poderão evitar a rescisão da locação efetuando, no prazo de 15 (quinze) dias, contado da citação, o pagamento do débito atualizado, independentemente de cálculo e mediante depósito judicial, incluídos:

III – efetuada a purga da mora, se o locador alegar que a oferta não é integral, justificando a diferença, o locatário poderá complementar o depósito no prazo de 10 (dez) dias, contado da intimação, que poderá ser dirigida ao locatário ou diretamente ao patrono deste, por carta ou publicação no órgão oficial, a requerimento do locador;

IV – não sendo integralmente complementado o depósito, o pedido de rescisão prosseguirá pela diferença, podendo o locador levantar a quantia depositada;

Parágrafo único. Não se admitirá a emenda da mora se o locatário já houver utilizado essa faculdade nos 24 (vinte e quatro) meses imediatamente anteriores à propositura da ação." (NR)

"**Art. 63.** *Julgada procedente a ação de despejo, o juiz determinará a expedição de mandado de despejo, que conterá o prazo de 30 (trinta) dias para a desocupação voluntária, ressalvado o disposto nos parágrafos seguintes.*

§ 1º. ....

b) o despejo houver sido decretado com fundamento no art. 9º ou no § 2º do art. 46.

.." (NR)

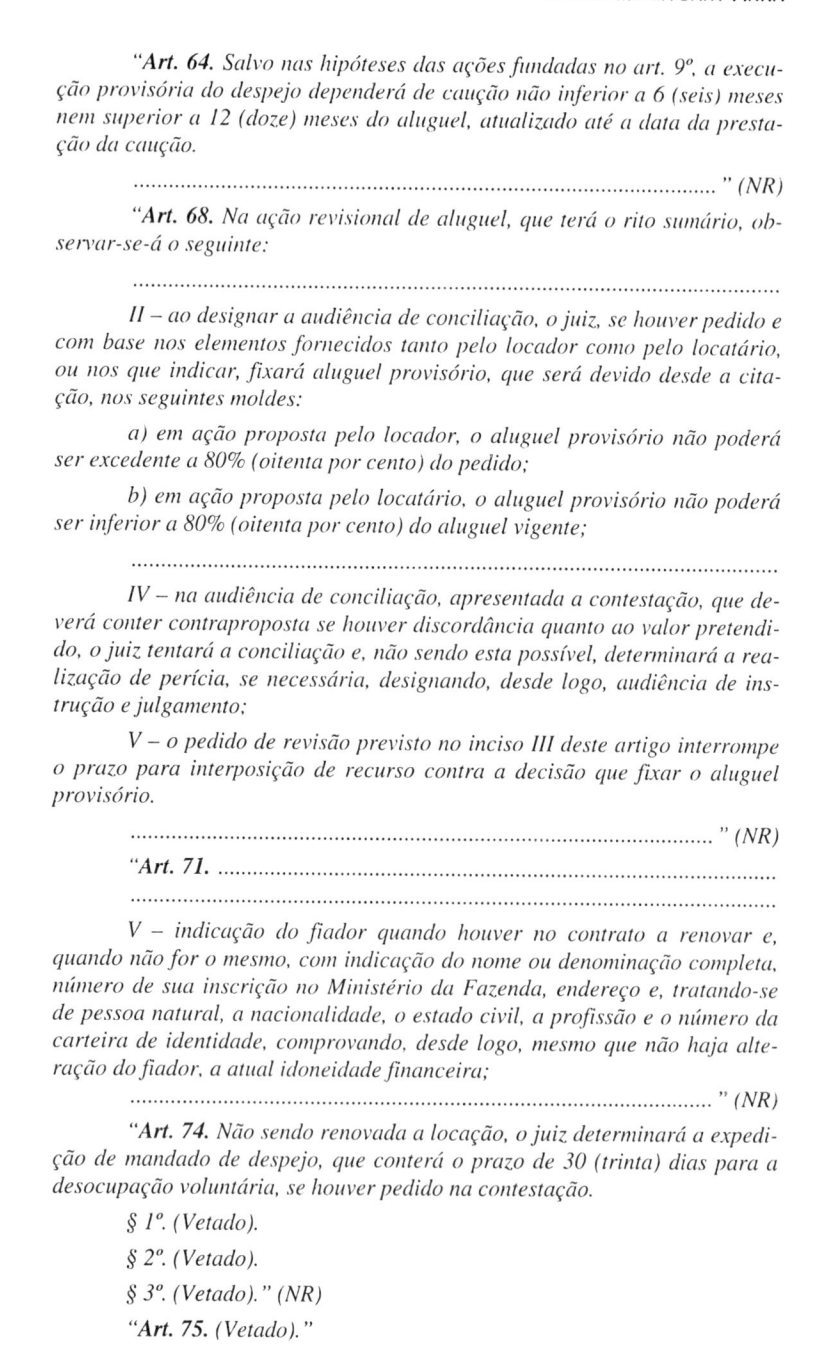

"**Art. 64.** *Salvo nas hipóteses das ações fundadas no art. 9º, a execução provisória do despejo dependerá de caução não inferior a 6 (seis) meses nem superior a 12 (doze) meses do aluguel, atualizado até a data da prestação da caução.*

.... " *(NR)*

"**Art. 68.** *Na ação revisional de aluguel, que terá o rito sumário, observar-se-á o seguinte:*

....

II – ao designar a audiência de conciliação, o juiz, se houver pedido e com base nos elementos fornecidos tanto pelo locador como pelo locatário, ou nos que indicar, fixará aluguel provisório, que será devido desde a citação, nos seguintes moldes:

a) em ação proposta pelo locador, o aluguel provisório não poderá ser excedente a 80% (oitenta por cento) do pedido;

b) em ação proposta pelo locatário, o aluguel provisório não poderá ser inferior a 80% (oitenta por cento) do aluguel vigente;

....

IV – na audiência de conciliação, apresentada a contestação, que deverá conter contraproposta se houver discordância quanto ao valor pretendido, o juiz tentará a conciliação e, não sendo esta possível, determinará a realização de perícia, se necessária, designando, desde logo, audiência de instrução e julgamento;

V – o pedido de revisão previsto no inciso III deste artigo interrompe o prazo para interposição de recurso contra a decisão que fixar o aluguel provisório.

.... " *(NR)*

"**Art. 71.** ....

....

V – indicação do fiador quando houver no contrato a renovar e, quando não for o mesmo, com indicação do nome ou denominação completa, número de sua inscrição no Ministério da Fazenda, endereço e, tratando-se de pessoa natural, a nacionalidade, o estado civil, a profissão e o número da carteira de identidade, comprovando, desde logo, mesmo que não haja alteração do fiador, a atual idoneidade financeira;

.... " *(NR)*

"**Art. 74.** *Não sendo renovada a locação, o juiz determinará a expedição de mandado de despejo, que conterá o prazo de 30 (trinta) dias para a desocupação voluntária, se houver pedido na contestação.*

§ *1º. (Vetado).*

§ *2º. (Vetado).*

§ *3º. (Vetado)."* (NR)

"**Art. 75.** *(Vetado)."*

Art. 3º. (Vetado)

Brasília, 9 de dezembro de 2009; 188º da Independência e 121º da República.

Luiz Inácio Lula da Silva

DOU de 10.12.2009

MENSAGEM Nº 1.004, DE 9 DE DEZEMBRO DE 2009

Senhor Presidente do Senado Federal,

Comunico a Vossa Excelência que, nos termos do § 1º do art. 66 da Constituição, decidi vetar parcialmente, por contrariedade ao interesse público, o Projeto de Lei nº 140, de 2009 (nº 71/07 na Câmara dos Deputados), que "Altera a Lei nº 8.245, de 18 de outubro de 1991, para aperfeiçoar as regras e procedimentos sobre locação de imóvel urbano".

Ouvidos, os Ministérios Justiça e do Desenvolvimento, Indústria e Comércio Exterior manifestaram-se pelo veto aos seguintes dispositivos:

- § 3º do art. 13 da Lei nº 8.245, de 18 de outubro de 1991, alterado pelo art. 2º do projeto de lei:

"§ 3º. Nas locações não residenciais, equipara-se à cessão da locação qualquer negócio jurídico que importe na transferência do controle societário do locatário pessoa jurídica." (NR)

Razões do veto

"Não é possível confundir a estruturação societária da pessoa jurídica, que, independentemente da formação do quadro de sócios, tem personalidade jurídica própria, com o contrato de locação havido entre o locador e a própria pessoa jurídica. Ou seja, em outras palavras, o contrato de locação firmado entre locador e pessoa jurídica não guarda qualquer relação de dependência com a estruturação societária de pessoa jurídica locatária, considerando, essencialmente, a distinção da personalidade jurídica de cada um (sócios e a própria pessoa jurídica), conferida pelo ordenamento jurídico pátrio para cada um dos entes.

Além do mais, cabe registrar que exigências assim impediriam ou dificultariam sobremaneira operações societárias de transferência de cotas sociais ou ações de sociedades empresárias, tal como, exemplificativamente, a incorporação, fusão ou aquisição da participação majoritária de grandes empresas."

- § 3º do art. 52 da Lei nº 8.245, de 18 de outubro de 1991, alterado pelo art. 2º do projeto de lei:

"§ 3º. *O locatário terá direito a indenização para ressarcimento dos prejuízos e dos lucros cessantes que tiver com mudança, perda do lugar e desvalorização do fundo de comércio se o locador, no prazo de 3 (três) meses da entrega do imóvel, não der o destino alegado ou não iniciar as obras determinadas pelo poder público ou que declarou pretender realizar." (NR)*

Razões do veto

"A ideia do projeto contempla situação com a qual não se pode concordar sob o ponto de vista do interesse público, considerando que, se por um lado a melhor proposta de terceiro tem todo o fundamento necessário para implementar a não-renovação da locação – por razões óbvias e de cunho mercadológico -, por outro, o locatário preterido poderá sofrer prejuízos em decorrência da necessária desocupação e da desvalorização do estabelecimento comercial, prejuízos esses que não podem permanecer sem a devida reparação."

- §§ 1º, 2º, 3º do art. 74 da Lei nº 8.245, de 18 de outubro de 1991, alterado pelo art. 2º do projeto de lei:

"§ 1º. *Conceder-se-á liminar para desocupação em 15 (quinze) dias, contados da intimação do locatário, por si ou por seu advogado, quando houver, na contestação, pedido de retomada fundado em melhor proposta de terceiro.*

§ 2º. A desocupação liminar somente será indeferida se:

I – a proposta de terceiro não atender aos requisitos previstos no § 2º do art. 72;

II – o locatário aceitar, em réplica, as mesmas condições ofertadas pelo terceiro.

§ 3º. A execução provisória da retomada fica condicionada à prestação de caução em valor não inferior a 6 (seis) meses nem superior a 12 (doze) meses do aluguel, atualizado até a data da prestação da caução."

Razões dos vetos

"Atualmente, são previstas três hipóteses em que o locatário terá direito a indenização para ressarcimento dos prejuízos e dos lucros cessantes que tiver que arcar com mudança, perda do lugar e desvalorização do fundo de comércio, são elas: a) melhor proposta de terceiro; b) o locador não der o destino alegado; e c) o locador não iniciar as obras determinadas pelo Poder Público ou que declarou pretender realizar. Todavia, os parágrafos do art. 74 somente prevêem procedimento diferenciado na concessão de providência liminar para a hipótese de melhor proposta de terceiro, sendo que para as outras, tão relevantes quanto a contemplada pelo texto projetado, nada se disse.

Tal previsão, se sancionada, ensejará previsão pouco sistêmica no contexto da lei de locações, o que é absolutamente indesejável e contrário ao interesse público, sendo que a regra prevista no caput certamente atenderá satisfatoriamente os provimentos judiciais relativos às três hipótese mencionadas."

- **Art. 75 da Lei nº 8.245, de 18 de outubro de 1991, alterado pelo art. 2º do projeto de lei**

    "Art. 75. Sendo executada provisoriamente a decisão ou sentença que conceder a retomada do imóvel, o locatário terá direito a reclamar, em ação própria, indenização por perdas e danos, caso a ação renovatória venha a ser julgada procedente ao final da demanda, vedado, em qualquer hipótese, o retorno do locatário ao imóvel." (NR)

    Razões do veto

    "O texto proposto permite a execução provisória da decisão ou da sentença que ordena a desocupação em ação renovatória, impedindo a retomada da posse direta pelo locatário preterido, ainda que a decisão ou sentença seja reformada, ou seja, a desocupação empírica, por si só, transita em julgado independentemente do resultado do recurso que hostiliza a decisão correlata.

    Ademais, o texto em vigor admite a fixação da indenização devida ao locatário pela desocupação na própria sentença, e o texto proposto remete a fixação de indenização a propositura de uma nova ação, fato este que milita contrariamente aos anseios de maior celeridade processual, razoável duração do processo e diretriz da resolução do maior número possível de litígios em uma mesma sentença, e até para se evite decisões contraditórias.

    Também cabe frisar, que o texto em vigor estabelece responsabilidade solidária entre locador e o proponente da melhor oferta causadora da desocupação, e o texto projetado para o art. 75 suprime esta ferramenta facilitadora do recebimento, pelo locatário, da indenização devida, com o que não se pode concordar."

    Ouvido também, o Ministério da Fazenda manifestou-se pelo veto ao seguinte dispositivo:

    Art. 3º

    "Art. 3º. Esta Lei entra em vigor na data de sua publicação."

    Razões do veto

    "Nos termos do art. 8º, caput, da Lei Complementar nº 95, e 26 de fevereiro de 1998, a entrada em vigor imediata somente deve ser adotada em se tratando de normas de pequena repercussão, o que não é o caso do presente projeto de lei.

    Assim, de modo a garantir tempo hábil para que os destinatários da norma examinem o seu conteúdo e estudem os seus efeitos, propor-se que a cláusula de vigência seja vetada, fazendo-se com que o ato entre em vigor em quarenta e cinco dias, nos termos do art. 1º do Decreto-Lei nº 4.657, de 4 de setembro de 1942 – Lei de Introdução ao Código Civil Brasileiro."

Essas, Senhor Presidente, as razões que me levaram a vetar os dispositivos acima mencionados do projeto em causa, as quais ora submeto à elevada apreciação dos Senhores Membros do Congresso Nacional.

SÚMULAS DO SUPERIOR TRIBUNAL DE JUSTIÇA

214. O fiador na locação não responde por obrigações resultantes de aditamento ao qual não anuiu. (DJ de 2.10.1998)

268. O fiador que não integrou a relação processual na ação de despejo não responde pela execução do julgado. (DJ de 29.5.2002)

332. A fiança prestada sem autorização de um dos cônjuges implica a ineficácia total da garantia. (DJe de 13.3.2008)

335. Nos contratos de locação, é válida a cláusula de renúncia à indenização das benfeitorias e ao direito de retenção. (DJ de 7.5.2007)